메코시코주쿠 유학생 대학수험 총서

일본유학시험 (EJU) 실전문제집 전 10 회수록

수학

코스1 Vol.2
MATHEMATIC COURSE 1

글로벌 인재 육성, 1984년 설립
(주)해외교육사업단

監修	豊原 明（東京大学 PhD） 馮 嘉卿（電気通信大学）
執筆	于 明 華（東北師範大学）
校正	程 柯 棟（早稲田大学） 馬 佳 駿（東京大学大学院）

Published by MEKO EDUCATION GROUP Co.,Ltd
Dai-san Yamahiro Bldg. 2F, 4-1-1, Kita-Shinjuku, Shinjuku, Tokyo 169-0074, Japan
ISBN978-4-909907-15-8
First published 2022

머 리 말

일본유학시험(EJU)은 외국인 유학생이 일본의 대학에 입학함에 있어 일본어 및 기초학력 평가를 목적으로 2002년부터 실시하고 있는 시험입니다. 2024년 현재, 6월과 11월에 연 2회 실시하고 있으며 일본에서만이 아니고 아시아를 중심으로 많은 나라에서 수험할 수 있습니다.

일본유학시험의 시험과목은 일본어, 이과(물리·화학·생물), 종합과목과 수학으로 크게 4과목으로 나뉘어져 있으며 이과는 물리·화학·생물의 3과목에서 2과목을 선택하고, 수학은 코스1과 코스2 중에서 하나의 코스를 선택합니다. 각 과목의 시간배분은 일본어가 125분, 일본어 이외의 과목은 80분입니다. 배점은 일본어가 450점 만점, 다른 과목에 대해서는 각 200점 만점입니다. 각 과목에는 전문용어도 다수 쓰이고 있기 때문에 어휘력과 문제에 따라서는 독해력도 필요합니다.

메코시코주쿠에서는 일본유학시험의 경향, 분석 등의 연구를 평소 철저히 실시하고 있습니다. 본교에서 작성한 실전문제를 수업에 도입하였더니 실제 시험에서 고득점을 얻은 본교의 학생으로부터 "수업에서 푼 실전문제가 많은 도움이 되었다."라는 의견이 있었습니다. 그러한 경위로 한 사람이라도 더 많이, 일본유학시험을 수험하는 분들에게 힘이 되고 싶다는 생각에서 본 책을 출판하였습니다.

이 책은 과거 일본유학시험의 출제내용에 기초하여 작성하였고 각 과목마다 과거에 출제된 문제에 매우 가까운 내용으로 구성되어 있습니다. 난이도나 출제범위의 경향도 확실히 파악하고 매년 조금씩 변화해가는 경향에도 대처하고 있습니다. 또한, 해설에서는 문제의 요점을 명확하게 기재하고 있으므로 자신이 부족하다고 느끼는 지식이나 틀리기 쉬운 분야를 파악하기 쉽게 되어 있습니다.

학습에 있어서는 마크시트 출제형식에 익숙해지는 것과 더불어 틀린 문제는 반복해서 풀어보십시오. 단순히 암기하는 것만이 아니라 "왜 이러한 답이 되는가?", 해설을 참고하여 해답의 의미까지 확실하게 이해하는 것이 좋습니다.

이 책을 다루신 여러분이 실제 시험에서 고득점을 달성하여 목표로 하는 대학으로 진학하는 꿈을 실현할 수 있도록 마음 속 깊이 응원하고 있습니다.

2024년 2월

메코시코주쿠

이 책에 대하여

[이 책의 특징]

1. 실제 시험에 입각한 형식

이 책에 수록되어 있는 10회분의 실전문제는 지금까지 출제된 과거의 수학 시험을 철저하게 연구하여 실제 시험과 같은 형식, 출제범위로 작성하였습니다. 그러한 이유로 이 책에 수록되어 있는 문제의 대응력을 익힘으로써 실제 시험에서도 당황하지 않고 제대로 해답할 수 있는 능력을 익힐 수 있습니다.

2. 엄선된 출제 포인트

이 책에 수록된 10회분의 실전문제, 총 100개의 문제는 과거 수학과목 코스1과 코스2의 시험 경향을 기초로 분야마다 문제 수나 출제 포인트가 설정되어 있습니다. 미분, 적분과 경우의 수, 확률과 같은 매우 빈번한 출제 포인트는 물론이고 이후 수년간 출제가 예상되는 출제범위에 포함된 문제와 매년 계속 등장하는 새로운 형식과 항목의 문제까지 일본유학시험 수학과목의 출제형식에 맞춘 형태로 수록하고 있습니다. 이 책에 수록된 문제를 푸는 것을 통해 좋은 결과를 얻을 수 있게 되기를 바랍니다.

3. 풍부한 복습 포인트

이 책의 문제를 해답한 후에는 책의 끝부분에 있는 해답·해설을 활용해 봅시다. 자신이 풀지 못했던 문제뿐만이 아니라, 풀 수 있었던 문제도 관련항목과 주의해야할 포인트가 모든 문제에 대해 기재되어 있으므로 그것을 비탕으로 디욱 지식을 쌓을 수가 있고 폭 넓은 출제 포인트에 대비할 수 있습니다.

[이 책의 사용법]

수학에서 지정되고 있는 출제 범위의 학습이 끝났다면 우선은 실제 시험과 완전히 같은 제한시간으로 이 책의 실전문제를 풀어봅시다. 각 회의 실전문제의 표지 오른쪽 아래에 있는 QR코드로 Web페이지에 접속하면 해답용지가 표시됩니다.

문제를 다 풀었다면 정답과 더불어 득점과 득점분포를 확인해 봅시다. 자신의 득점을 다른 수험생의 득점과 비교하는 것이 가능합니다. 자신의 학습 진척상황을 인식하기 위해 활용해 주십시오. 또한, 득점분포에 관해서는 일본유학시험과 마찬가지로 항목반응 이론을 사용한 득점등화를 실시하고 있으므로 실제 시험에 가까운 결과를 얻을 수 있습니다. 책의 끝부분에 있는 실제 시험과 같은 형식의 마크시트 해답용지가 있으므로 이용해 보십시오.

득점을 확인했다면 자신의 득점에 일희일비하지 마시고 Web에서나 책의 끝부분에 있는 해답·해설을 이용하여 해답할 수 없었던 문제는 어째서 해답할 수 없었는지, 해답할 때 어떤 지식이 필요했는지를 확인해 보십시오. 추가로 정답인 부분에 대해서도 해답·해설에 관련된 항목 등이 기재되어 있으므로 자신의 지식을 쌓기 위해 확실하게 복습합시다. 그리고 여러 번 문제를 푸는 과정에서 자신의 강점인 분야, 약점인 분야를 파악하여 학습시간 배분을 정하는 것에 도움이 될 것입니다.

이 책은 단순히 실전문제를 해답하고 끝나는 것이 아닙니다. 그 결과를 돌아보고 더 나아가서 지식을 쌓음으로써 진정한 가치를 얻을 수 있습니다.

이 책의 문제를 여러 번 풀어 수학에 대한 대책에 만전을 기하신다면 여러분은 실제 시험에서도 반드시 좋은 결과를 낼 수 있을 것입니다!

그럼, 힘내봅시다!

● STEP 1

먼저 각 회의 실전문제 표지 오른쪽 아래에 있는 QR코드를 스마트폰으로 읽어냅니다.

● STEP 2

읽히게 되면 해답용지가 표시됩니다. 정답이라고 생각하는 번호를 클릭하여 진행해봅시다. 마지막까지 다 풀었다면 화면 아래에 있는 「제출과 정답표」 버튼을 누릅니다.

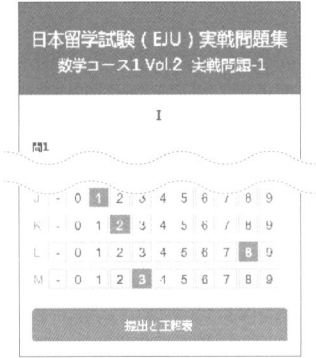

● STEP 3

정답표가 표시됩니다. 틀린 문제는 정답번호가 빨갛게 표시되므로 확실히 복습합시다. 「해설」 버튼을 누르면 해설을 확인할 수 있습니다. 또한, 화면 아래쪽의 「득점분포를 본다」라는 버튼을 누르면 자신의 득점과 전체 수험자 중에서 자신의 위치를 확인할 수 있습니다.

※ 확인하기 위해서는 등록과 로그인이 필요합니다. (→조작방법은 STEP4에서 확인하실 수 있습니다.)

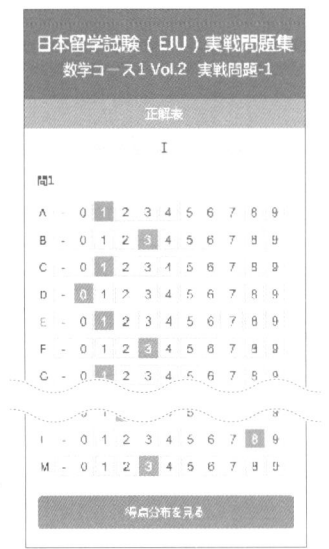

● STEP 4

「득점분포를 본다」라는 버튼을 누르면 등록화면이 표시됩니다. 필수항목을 모두 기입하고 「등록」 버튼을 눌러주십시오.

● STEP 5

자신의 득점 및 득점분포가 표시됩니다.

※ 실전문제는 몇 번이든지 수험할 수 있습니다만 득점과 득점분포의 산출은 1인당 1회만 가능합니다.

※ 일본유학시험과 거의 동일하게 항목반응이론에 의한 득점등화를 실시하고 있습니다.

※ 수험자수가 증가함에 따라서 득점기준이 변화하는 점을 양해바랍니다.

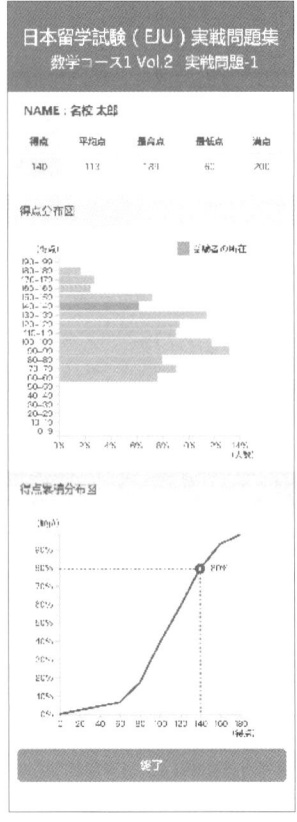

일본유학시험(EJU) 실전문제집
수학 코스1 Vol.2

CONTENTS

第**1**回

実戦問題

解答時間 80 分

Ⅰ

問1　a を実数とする。このとき 2 次関数 $y=\dfrac{1}{2}x^2+x+\dfrac{1}{2}$ のグラフを，x 軸方向に a，y 軸方向に $-2a^2$ だけ平行移動して得られたグラフを C とする。C の方程式は

$$y=\frac{1}{2}\left(x+a+\boxed{\text{A}}\right)\left(x-\boxed{\text{B}}\,a+\boxed{\text{C}}\right)$$

と表せる。

(1)　C が x 軸と相異なる 2 点で交わるような a の値の範囲は

$$a<\boxed{\text{D}}\,,\ \boxed{\text{D}}<a$$

である。

(2)　C が $-2\leqq x\leqq 3$ の範囲で，x 軸と相異なる 2 点で交わるような a の値の範囲は

$$-\frac{\boxed{\text{E}}}{\boxed{\text{F}}}\leqq a<\boxed{\text{D}}\,,\ \boxed{\text{D}}<a\leqq\boxed{\text{G}}$$

である。

(3)　a が実数全体を動く場合，C と y 軸の交点が最大値を取る時，$a=\dfrac{\boxed{\text{HI}}}{\boxed{\text{J}}}$ である。

注) 実数：Real Number，2 次関数：Quadratic Function

– 計算欄（memo）–

問2　0と書かれたカードが1枚，1と書かれたカードが2枚，2と書かれた カードが2枚，3と書かれたカードが2枚，計7枚のカードがある。次の 問いに答えよ。

(1)　7枚のカードをすべて並べて7桁の数を作るとき，その総数は $\boxed{\text{KLM}}$ 通りあり，また，その中で偶数は $\boxed{\text{NOP}}$ 通りある。

(2)　この7枚のカードを箱の中に入れ，箱の中を見ずに2枚のカードを同 時に取り出すとき，

　　i)　2枚のカードに書かれている数が同じである確率は，

　　　である。

　　ii)　2枚のカードに書かれている数の和が4となる確率は，

　　　である。

　　iii)　2枚のカードに書かれている数の和が3以下となる確率は，

　　　である。

注）偶数：Even Number，確率：Probability

－ 計算欄 (memo) －

Ⅰ の問題はこれで終わりです。 Ⅰ の解答欄 **Z** はマークしないでください。

Ⅱ

問1　α を 2 次方程式 $x^2-2x-1=0$ の正の解とする。このとき，

$$\alpha-\frac{1}{\alpha}=\boxed{\text{A}}, \quad \alpha^2+\frac{1}{\alpha^2}=\boxed{\text{B}}$$

である。

　よって，

$$\left(\alpha+\frac{1}{\alpha}\right)^2=\boxed{\text{C}}$$

となる。

　したがって，

$$\alpha^3-\frac{1}{\alpha^3}=\boxed{\text{DE}}, \quad \alpha^3+\frac{1}{\alpha^3}=\boxed{\text{FG}}\sqrt{\boxed{\text{H}}}$$

となる。

- 計算欄 (memo) -

問2　次の問題文中の $\boxed{\text{M}}$，$\boxed{\text{Q}}$，$\boxed{\text{U}}$ には，下の ⓪～⑨ の中から適する
ものを選びなさい。

　　また，それ以外の $\boxed{}$ には適する数を入れなさい。

　　a は定数とする。2次関数 $f(x)=x^2-4ax+a^2$ のグラフをCとする。
Cは頂点の座標が

$$\left(\boxed{\text{I}}\,a,\ \boxed{\text{JK}}\,a^2\right)$$

である。

　　この関数が $a\leqq x\leqq 6$ において最小値 -8 をもつから

$a<\boxed{\text{L}}$ のとき，$\boxed{\text{M}}=-8$，$a=\boxed{\text{NO}}$

$\boxed{\text{L}}\leqq a<\boxed{\text{P}}$ のとき，$\boxed{\text{Q}}=-8$，$a=\dfrac{\boxed{\text{R}}\sqrt{\boxed{\text{S}}}}{\boxed{\text{T}}}$

$\boxed{\text{P}}\leqq a\leqq 6$ のとき，$\boxed{\text{U}}=-8$，$a=\boxed{\text{V}}$，$\boxed{\text{WX}}$ 不適合。

⓪　$3a^2$　　　　　　①　$a^2-24a+36$　　　②　a^2-3a

③　$-3a^2$　　　　　④　$2a^2$　　　　　　　⑤　$-2a^2$

⑥　a^2-4a+4　　　⑦　a^2+3a　　　　　⑧　$a^2+24a-36$

⑨　a^2+4a-4

注）定数：Constant

－ 計算欄（memo） －

Ⅱ の問題はこれで終わりです。Ⅱ の解答欄　Y　～　Z　はマークしないでください。

$\boxed{\text{III}}$

(1) 自然数 $A = 324^{23}$ について，A の 1 の桁の数は $\boxed{\text{A}}$ である。

(2) 自然数 324 の正の約数は

$$\boxed{\text{BC}} \text{ 個}$$

ある。

また，

$$xy - 3x + 2y = 330$$

を満たす自然数の組 (x, y) は

$$\boxed{\text{DE}} \text{ 組}$$

ある。

その中で，x が最大の自然数となる組は

$$(x, y) = (\boxed{\text{FGH}}, \boxed{\text{I}})$$

であり，

x が最小の自然数となる組は

$$(x, y) = (\boxed{\text{J}}, \boxed{\text{KLM}})$$

である。

注) 自然数：Natural Number

－ 計算欄（memo） －

Ⅲ の問題はこれで終わりです。Ⅲ の解答欄　**N**　～　**Z**　はマークしないでください。

三角形 ABC は AB＋AC＝2BC を満たしている。また角 A の二等分線と辺 BC の交点を D とするとき，AD＝12 である。さらに，三角形 ABC の内接円の半径は 4 である。このとき以下の問いに答えよ。

$\theta = \angle$BAD とするとき $\sin\theta$ の値を求めよ。また，A＝$\angle$BAC とするとき，$\sin A$ と $\cos A$ の値を求めよ。

AB＝x，AC＝y $(x, y$ は正の実数$)$ とおくと，BC＝$\dfrac{x+y}{\boxed{\text{A}}}$

$\triangle$ABC の面積は $\triangle$ABD＋$\triangle$ADC ＝ $\boxed{\text{B}}$ $(x+y)\sin\theta$ ……… ①

また，$\triangle$ABC の面積を内接円の半径を用いて表すと

$$\triangle\text{ABC} = \boxed{\text{C}}\,(x+y) \qquad ……… ②$$

①＝②より，$\sin\theta = \dfrac{\boxed{\text{D}}}{\boxed{\text{E}}}$

$\theta = \dfrac{\text{A}}{2} < 90°$ であるから，$\cos\theta > 0$ であり

$$\cos\theta = \dfrac{\sqrt{\boxed{\text{F}}}}{\boxed{\text{G}}}$$

よって，$\sin A = \dfrac{\sqrt{\boxed{\text{H}}}}{\boxed{\text{I}}}$，$\cos A = \dfrac{\boxed{\text{J}}}{\boxed{\text{K}}}$

また，BC の長さは $\boxed{\text{L}}\sqrt{\boxed{\text{M}}}$ である。

注）二等分線：Bisector，内接円：Incircle

− 計算欄 (memo) −

第**2**回

実戦問題

解答時間 **80**分

正解と得点分布図確認

QRコードを読み取っ
てオンライン解答用
紙に解答を記入し、正
解と得点分布を確認
してください。

I

問1　a を実数とする 2 次関数 $y = 2x^2 - 4ax + 3a^2 - 6a + 3$ のグラフの頂点は

$$\left(a,\ a^2 - \boxed{\text{A}}\,a + \boxed{\text{B}}\right)$$

である。このとき以下の問いに答えよ。

(1)　a が実数全体を動くとき，頂点の y 座標の最小値は $\boxed{\text{CD}}$ である。

(2)　x に関する 2 次方程式 $f(x) = 0$ が実数解を持つような a の値の範囲は

$$\boxed{\text{E}} - \sqrt{\boxed{\text{F}}} \leqq a \leqq \boxed{\text{G}} + \sqrt{\boxed{\text{H}}}$$

である。

(3)　$y = f(x)$ のグラフを x 軸方向に a，y 軸方向に $1 + 4a$ だけ平行移動した 2 次関数を $y = g(x)$ とする。a がどのような値をとっても $y = g(x)$ のグラフの頂点はつねに 2 次関数

$$y = \frac{\boxed{\text{I}}}{\boxed{\text{J}}}\,x^2 - x + \boxed{\text{K}}$$

のグラフの上にある。

注）実数：Real Number，2 次関数：Quadratic Function

－計算欄（memo）－

問2　A，B，Cの3人が，最初Aは赤いカード，B，Cは白いカードをもって並んでいる。サイコロを投げて，出た目が偶数であるとき，AとBはカードを交換する。出た目が奇数であるとき，BとCはカードを交換するという試行を繰り返す。

(1)　サイコロを2回投げるとき，A，B，Cが赤いカードを持っている確率は，それぞれ

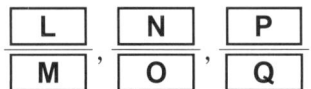

$$\dfrac{\boxed{L}}{\boxed{M}},\ \dfrac{\boxed{N}}{\boxed{O}},\ \dfrac{\boxed{P}}{\boxed{Q}}$$

である。

(2)　サイコロを3回投げるとき，A，Bが赤いカードを持っている確率は，それぞれ

$$\dfrac{\boxed{R}}{\boxed{S}},\ \dfrac{\boxed{T}}{\boxed{U}}$$

である。

(3)　サイコロを4回投げるとき，Aが赤いカードを持っている確率は，

$$\dfrac{\boxed{V}}{\boxed{W}}$$

である。

注）サイコロ：Dice，偶数：Even Number，奇数：Odd Number，確率：Probability

– 計算欄 (memo) –

Ⅰ の問題はこれで終わりです。 Ⅰ の解答欄 X ～ Z はマークしないでください。

問1　$4xyz - 6xy - 2yz - 8xz + 12x + 3y + 4z - 7 = 0$ を満たす自然数の組 (x, y, z) をすべて求めよ。

　　上の式は

$$(\boxed{A}\,x - \boxed{B})(y - \boxed{C})(\boxed{D}\,z - \boxed{E}) = \boxed{F} \qquad \cdots\cdots \quad ①$$

と変形できる。

　　①の式の左辺は $P(x, y, z)$ とおくとき，

$$P(0, y, z) = \boxed{F}$$

を満たす自然数の組 (y, z) は

$$(y, z) = (\boxed{G}, \boxed{H}),\ (\boxed{I}, \boxed{J})$$

である。ただし，$\boxed{G} < \boxed{I}$。

　　したがって，$P(x, y, z) = \boxed{F}$ を満たす自然数の組は

$$(x, y, z) = (\boxed{K}, \boxed{L}, \boxed{M}),\ (\boxed{N}, \boxed{O}, \boxed{P})$$

である。ただし，$\boxed{L} < \boxed{O}$。

注）自然数：Natural Number，因数分解：Factorization

－計算欄 (memo) －

問2　a を実数とし，$f(x)=2x^2+4x+5$，$g(x)=-2x^2+4ax-a$ とする。
次の問いに答えよ。

(1)　関数 $y=f(x)$ の最小値は

$$\boxed{Q}$$

である。
関数 $y=g(x)$ の最大値は

$$\boxed{R}a^2-a$$

である。
したがって，すべての実数 s，t に対して $f(s) \geqq g(t)$ が成り立つような a の値の範囲は

$$\boxed{ST} \leqq a \leqq \cfrac{\boxed{U}}{\boxed{V}}$$

である。

(2)　次の $\boxed{W}$，$\boxed{X}$ には，下の ⓪〜⑦ の中から適するものを選びなさい。

　i)　すべての実数 s に対して $f(s) \geqq g(s)$ が成り立つような a の値の範囲
　　は $\boxed{W}$ である。

　ii)　$s \geqq 1$ を満たすすべての実数 s に対して $f(s) \geqq g(s)$ が成り立つような
　　a の値の範囲は $\boxed{X}$ である。

⓪　$3 < a \leqq \dfrac{13}{3}$　　　①　$a < 3$　　　②　$3 \leqq a \leqq 4$

③　$a \leqq 4$　　　④　$\dfrac{13}{3} \leqq a \leqq 6$　　　⑤　$3 < a < 4$

⑥　$a > 3$　　　⑦　$-1 \leqq a \leqq 4$

– 計算欄（memo）–

(1)　正の整数 n, m は不等式 $0.3 < \dfrac{m}{n} < 0.4$ を満たしている。

$n = 200$ のとき，この不等式を満たす m の個数は

$$\boxed{\text{AB}}$$

である。

また，この不等式を満たす最小の n の値は

$$\boxed{\text{C}}$$

であり，そのとき，m の値は $\boxed{\text{D}}$ に限る。

(2)　78 と 195 の最大公約数を g とおく。

$$g = \boxed{\text{EF}}$$

である。

$78x - 195y = g$ を満たす正の整数の組 (x, y) の中で x の値が最小であるものは，

$$(x, y) = (\boxed{\text{G}}, \boxed{\text{H}})$$

であり，

集合 $\{78x - 195y \mid 0 < 78x - 195y < 200,\ x, y \text{ は正の整数}\}$ の要素の個数は

$$\boxed{\text{I}}$$

である。

注）最大公約数：Greatest Common Divisor

- 計算欄（memo）-

三角形 ABC は，∠A が直角であり，BC＝5 である。三角形の外接円の中心を O とする。∠AOC の二等分線と三角形 ABC の外接円の弧 BAC との交点を D，直線 BD と AC の交点を E，直線 AB と CD の交点を F とする。

また，∠DOC の大きさを α とし，$\cos\alpha=\dfrac{3}{5}$ とする。このとき，三角形 AEF の外接円の半径 r を求めよ。

$$\cos\angle ABC=\dfrac{\boxed{A}}{\boxed{B}}$$ であるから，線分 AB の長さは

$$\boxed{C}$$

である。

一般に，$0<\dfrac{\alpha}{2}<90°$ のとき，半角公式より

$$\cos\dfrac{\alpha}{2}=\sqrt{\dfrac{1+\cos\alpha}{2}},\ \sin\dfrac{\alpha}{2}=\sqrt{\dfrac{1-\cos\alpha}{2}}$$

となる。

よって，

$$\cos\angle DBC=\dfrac{\boxed{D}\sqrt{\boxed{E}}}{\boxed{F}},\ \sin\angle DBC=\dfrac{\sqrt{\boxed{G}}}{\boxed{F}}$$

である。

したがって，

$$BD=\boxed{H}\sqrt{\boxed{I}},\ CD=\sqrt{\boxed{J}}$$

である。

同じように，

$$DE=\dfrac{\sqrt{\boxed{K}}}{\boxed{L}},\ FD=\sqrt{\boxed{M}}$$

である。

したがって，

$$r=\dfrac{\boxed{N}}{\boxed{O}}$$

である。

注）外接円：Circumscribed Circle，二等分線：Bisector

− 計算欄（memo）−

第3回

実戦問題

解答時間 **80**分

正解と得点分布図確認

QRコードを読み取っ
てオンライン解答用
紙に解答を記入し、正
解と得点分布を確認
してください。

問1　a を実数とし，x の 2 次関数 $f(x)=x^2-2ax+2a+3$ のグラフを F とする。

(1)　グラフ F の頂点の座標を a を用いて表すと
$$(a,\ -a^2+\boxed{\textbf{A}}\,a+\boxed{\textbf{B}})$$
である。

(2)　グラフ F が x 軸と接するとき，
$$a\text{ の値は }\boxed{\textbf{CD}}\text{ または }\boxed{\textbf{E}}\text{ である。}$$

(3)　方程式 $f(x)=0$ が，ともに 2 以下となる異なる 2 つの解をもつような a の値の範囲は
$$a<\boxed{\textbf{FG}}$$
である。

注）実数 : Real Number，2 次関数 : Quadratic Function

– 計算欄 (memo) –

問2　1つの袋の中に白玉，青玉，赤玉が合わせて28個入っている。この袋の中から2個の玉を同時に取り出すとき，白玉1個と青玉1個が取り出される確率は $\dfrac{8}{63}$ であり，青玉1個と赤玉1個が取り出される確率も $\dfrac{8}{63}$ である。

　ただし，各色の玉は3個以上である。

(1)　この袋の中に入っている白玉，青玉，赤玉の個数は，それぞれ

である。

(2)　この袋から同時に3個の玉を取り出すとき，すべての色の玉が含まれる確率は

である。

(3)　この袋から同時に4個の玉を取り出す。取り出した玉がすべての色の玉を含んでいたとき，その中に青玉が2個入っている確率は

$$\dfrac{\boxed{Q}}{\boxed{RS}}$$

である。

注）確率：Probability

– 計算欄 (memo) –

| $\boxed{\text{I}}$ の問題はこれで終わりです。$\boxed{\text{I}}$ の解答欄 $\boxed{\textbf{T}}$ ～ $\boxed{\textbf{Z}}$ はマークしないでください。

問1　P＝$a^3-6a^2+12a-8$ とする。

(1)　P を因数分解すると
$$P=\left(a-\boxed{\text{ A }}\right)^{\boxed{\text{B}}}$$
である。

(2)　a を実数とする，2 つの集合
A ＝$\{1,\ a^2+a-2,\ a^3-6a^2+12a-8\}$, B ＝$\{1,\ a^2-a-2,\ a^3-6a^2+9a\}$ が，
$0\in A\cap B$ を満たすとき，
$$a=\boxed{\text{ C }}$$
である。

　　また，このとき，集合 X ＝$\{x\,|\,x\in A\cup B$ かつ $x\notin A\cap B\}$ の要素をすべて求めると
$$\boxed{\text{ D }},\boxed{\text{ E }}$$
である。ただし，$\boxed{\text{ D }}<\boxed{\text{ E }}$。

注）因数分解する：Factorize

－計算欄 (memo) －

問2　関数 $y=|x^2-2x-3|+2x+2$ のグラフをC，関数 $y=a(x-3)+8$ のグラフ
をLとする。

　　ただし，a は定数である。CとLを参考にして，次の(1)～(3)を考えよう。

(1)　関数 $y=|x^2-2x-3|+2x+2$ は，$x=\boxed{\text{FG}}$ のとき，最小値 $\boxed{\text{H}}$ をとる。

(2)　$-1 \leqq x \leqq 3$ におけるCとLの共有点である x 座標を a を用いて表せ。

$$\boxed{\text{IJ}} < a \leqq \boxed{\text{K}} \text{ のとき，} x_1 = \boxed{\text{L}} - a，\quad x_2 = \boxed{\text{M}},$$

$$a \leqq \boxed{\text{IJ}} \text{ または } \boxed{\text{K}} < a \text{ のとき，} x = \boxed{\text{N}}。$$

(3)　CとLの共有点の個数は，定数 a の値によってどのように変わるか。
　　(2)と同様に，次のグラフを利用して考えると，求める共有点の個数は

$$a \leqq \boxed{\text{IJ}} \text{ のとき，} \boxed{\text{O}} \text{ 個}$$

$$\boxed{\text{IJ}} < a < \boxed{\text{K}} \text{ のとき，} \boxed{\text{P}} \text{ 個}$$

$$a = \boxed{\text{K}} \text{ のとき，} \boxed{\text{Q}} \text{ 個}$$

$$\boxed{\text{K}} < a \leqq \boxed{\text{R}} \text{ のとき，} \boxed{\text{S}} \text{ 個}$$

$$\boxed{\text{R}} < a \text{ のとき，} \boxed{\text{T}} \text{ 個}$$

　　である。

注）定数：Constant，絶対値：Absolute Value

- 計算欄（memo） -

Ⅱ の問題はこれで終わりです。Ⅱ の解答欄 **U** 〜 **Z** はマークしないでください。

n は整数である。$2n^3-8n+3$ が素数となるような整数 n の個数と，このような n のうち素数であるものを求めよ。

n が整数のとき，

$$2n^3-8n+3= \boxed{\text{A}}\,(n-1)n(n+1)-\boxed{\text{B}}\,(\boxed{\text{C}}\,n-\boxed{\text{D}}\,)$$

となる。$(n-1)n(n+1)$ は 3 つの連続した整数の積で $\boxed{\text{E}}$ の倍数である。

よって，$2n^3-8n+3$ はつねに $\boxed{\text{F}}$ の倍数である。（ただし，この条件がすべての整数 n で成り立つような数のうち，最大のものは $\boxed{\text{E}}$ である。）

したがって，$2n^3-8n+3$ が素数になるとしたら

$2n^3-8n+3=\boxed{\text{F}}$ に限る。

これより，求める n の個数は

$$\boxed{\text{G}}$$

であり，このうち，素数である n は

$$\boxed{\text{H}}$$

である。

注）素数：Prime Number

- 計算欄（memo） -

Ⅲ の問題はこれで終わりです。Ⅲ の解答欄 | ～ Z はマークしないでください。

面積が1である三角形ABCにおいて，辺BC，CA，ABが$(1-k)：k$に内分する点をそれぞれD，E，Fとし，線分BEとCF，CFとAD，ADとBEの交点をそれぞれG，H，Iとする。

ただし，$0 < k \leqq \dfrac{1}{2}$である。

⑴　三角形DEFの面積が三角形ABCの面積の半分になるのは

$$k(1-k) = \dfrac{\boxed{A}}{\boxed{B}}$$

のとき，すなわち $k = \dfrac{\boxed{C} - \sqrt{\boxed{D}}}{\boxed{E}}$ のときである。

⑵　次の文中の $\boxed{F}$，$\boxed{G}$ には，下の選択肢⓪〜⑨の中から適するものを選びなさい。

　　ⅰ）　三角形AFCと直線BEに着目すると，

$$\dfrac{FG}{GC} = \boxed{F} \text{ が得られる。}$$

　　ⅱ）　三角形GHIの面積が $\dfrac{1}{4}$ となるkの値を求めよ。

　　　ⅰ）の結果より，$\triangle BGC = \boxed{G}$ であり，

同様に $\triangle CAH = \triangle ABI = \boxed{G}$ となるから，

よって，$\triangle GHI = \dfrac{1}{4}$ かつ $0 < k \leqq \dfrac{1}{2}$ となるのは

$$k = \dfrac{\boxed{H} - \sqrt{\boxed{I}}}{\boxed{JK}} \text{ のときである。}$$

⓪ $\dfrac{k}{1-k}$　　　① $\dfrac{1-k}{k(1+k)}$　　　② $\dfrac{k^2}{1-k}$　　　③ $\dfrac{1}{k(1-k)}$　　　④ $\dfrac{1-k}{k^2}$

⑤ $\dfrac{k}{k^2-k+1}$　　　⑥ $\dfrac{1-k}{k^2-k+1}$　　　⑦ $\dfrac{k(1-k)}{k^2-k+1}$　　　⑧ $\dfrac{k^2-k+1}{k(1-k)}$　　　⑨ $\dfrac{k}{k^2+k+1}$

注）内分する：Divide Internally

－ 計算欄 (memo) －

Ⅳ の問題はこれで終わりです。Ⅳ の解答欄　**L**　～　**Z**　はマークしないでください。

コース 1 の問題はこれですべて終わりです。解答用紙の　**Ⅴ**　はマークしないでください。

解答用紙の解答コース欄に「コース 1」が正しくマークしてあるか，

もう一度確かめてください。

この問題冊子を持ち帰ることはできません。

実戦問題

解答時間 **80**分

問1　a と b は 4 以下の自然数とし，放物線 C : $y = 2x^2 + 2bx + a$ について考えよ。

(1)　放物線 C のグラフの頂点の座標は

$$\left(-\frac{b}{\boxed{\text{A}}}, \ -\frac{b^2}{\boxed{\text{B}}} + a \right)$$

である。

(2)　放物線 C が x 軸と相異なる 2 点で交わるような (a, b) の組は

$$\boxed{\text{C}}$$

通りある。

(3)　放物線 C が x 軸と相異なる 2 点で交わり，それらの x 座標がともに整数であるような (a, b) の組は

$$\boxed{\text{D}}$$

通りある。

(4)　k は自然数であり，直線は $y = 2kx + 1$ 放物線 C と接している。
　　このとき，k の値が最も大きくなるのは，

$$(a, b) = (\boxed{\text{E}}, \boxed{\text{F}})$$

である。また，そのときの k の値は

$$\boxed{\text{G}}$$

である。
　　k の値が最も小さくなるのは，

$$(a, b) = (\boxed{\text{H}}, \boxed{\text{I}}), (\boxed{\text{J}}, \boxed{\text{K}})$$

である。ただし，$\boxed{\text{H}} < \boxed{\text{J}}$。また，そのときの k の値は

$$\boxed{\text{L}}$$

である。

注）自然数：Natural Number,　放物線：Parabola

－計算欄（memo）－

問2　箱の中に赤玉2個と白玉3個が入っている。この箱から玉を1個取り出し，玉の色を見た上で箱に戻すという試行を n 回繰り返す。赤玉が連続して m 回以上出た確率を $\mathrm{P}(n, m)$ とする。ただし，$n \geqq m \geqq 2$ とする。

⑴　この試行を 2，3，4回繰り返す。それぞれ

$$\mathrm{P}(2, 2) = \frac{\boxed{\text{M}}}{5^2}, \quad \mathrm{P}(3, 2) = \frac{\boxed{\text{NO}}}{5^3}, \quad \mathrm{P}(4, 2) = \frac{\boxed{\text{PQ}}}{5^3}$$

となる。

⑵　この試行を m，$m+1$，$m+2$回繰り返す。それぞれ

$$\mathrm{P}(m, m) = \frac{\boxed{\text{R}}^{\,m}}{5^m}, \quad \mathrm{P}(m+1, m) = \frac{\boxed{\text{S}}^{\,m+\boxed{\text{T}}}}{5^{m+1}}, \quad \mathrm{P}(m+2, m) = \frac{\boxed{\text{UV}} \cdot \boxed{\text{W}}^{\,m}}{5^{m+1}}$$

となる。

注）確率：Probability

- 計算欄 (memo) -

| I の問題はこれで終わりです。I の解答欄 **X** 〜 **Z** はマークしないでください。

問1　実数 α, β に対して，

整式 $f(x)=3x^4+2\sqrt{3}\,\alpha\cdot x^3+(\alpha^2-\beta^2+6)x^2+2\sqrt{3}\,\alpha\cdot x+3$ を考える。

⑴　$y=x+\dfrac{1}{x}$ とおく。このとき，$\dfrac{1}{x^2}f(x)$ を y の整式で表せ。

$$\frac{1}{x^2}f(x)=\boxed{\text{A}}\,y^2+\boxed{\text{B}}\sqrt{\boxed{\text{C}}}\,\alpha\cdot y+\alpha^2-\beta^2 \cdots\cdots\cdots \quad ①$$

⑵　$(\alpha,\,\beta)=(\sqrt{3}\,,\,3\sqrt{3}\,)$ のとき，方程式 $f(x)=0$ の解をすべて求めよ。

①より，

$$y=\boxed{\text{D}}\,,\,\boxed{\text{EF}}$$

を得る。

$$y=\boxed{\text{D}}\ \text{のとき，}\ x=\boxed{\text{G}}\ \text{である。}$$

$$y=\boxed{\text{EF}}\ \text{のとき，}\ x=\boxed{\text{HI}}\pm\sqrt{\boxed{\text{J}}}\ \text{である。}$$

⑶　方程式 $f(x)=0$ がちょうど1つの解をもつような $(\alpha,\,\beta)$ は

$$(\alpha,\,\beta)=\left(\pm\boxed{\text{K}}\sqrt{\boxed{\text{L}}}\,,\,\boxed{\text{M}}\right)$$

である。

注）実数：Real Number

- 計算欄 (memo) -

問2　a を正の実数とする。関数 $f(x)=-2x^2+6x$ と $g(x)=2|x-a|$ について考えよ。

(1)　$y=f(x)$ のグラフと $y=g(x)$ のグラフの共有点がただ1つを持つような a の値は $\boxed{\text{N}}$ である。

(2)　次の文中の $\boxed{\text{P}}$，$\boxed{\text{Q}}$，$\boxed{\text{R}}$ と $\boxed{\text{S}}$ には，下の選択肢⓪～⑦の中から適するものを選びなさい。また，他の $\boxed{}$ には，適する数を入れなさい。

　　$y=f(x)$ のグラフと $y=g(x)$ のグラフが異なる2点で交わるような a の値の範囲と，2つの交点の x 座標を求めよ。

　　(1)の結果より，点 $(a,0)$ を考える。次の2つの場合に分けて，x 座標を求めよ。

ⅰ）　$0<a<\boxed{\text{O}}$ のとき，

　　$x_1=\boxed{\text{P}}$, $x_2=\boxed{\text{Q}}$ である。ただし，$x_1<x_2$ である。

ⅱ）　$\boxed{\text{O}}\leqq a<\boxed{\text{N}}$ のとき，

　　$x_1=\boxed{\text{R}}$, $x_2=\boxed{\text{S}}$ である。ただし，$x_1<x_2$ である。

⓪　$1+\sqrt{1+a}$　　①　$1-\sqrt{1+a}$　　②　$2+\sqrt{4-a}$　　③　$2-\sqrt{4-a}$

④　$1-\sqrt{1+2a}$　　⑤　$1+\sqrt{1+2a}$　　⑥　$2-\sqrt{2-a}$　　⑦　$2+\sqrt{2-a}$

(3)　(2)において，ⅱ）の場合を考える。直線 $x=k\,(x_1<k<x_2)$ と $y=f(x)$，$y=g(x)$ のグラフの交点をそれぞれ P, Q とする。線分 PQ の長さを k と a の式で表すと

$$PQ=\boxed{\text{TU}}\cdot k^2+\boxed{\text{V}}\,k-\boxed{\text{W}}\,a$$

となるから，$k=\boxed{\text{X}}$ のとき，PQ の値は最も大きくなる。

– 計算欄 (memo) –

Ⅱ の問題はこれで終わりです。Ⅱ の解答欄　Y　〜　Z　はマークしないでください。

Ⅲ

200 以下の自然数の集合 U があり，A, B, C は，空集合を除く U の部分集合である。A は偶数の集合，B は 11 の倍数の集合，C は整数 $2n+1$ の集合で $\{n \mid n \in A\}$ を満たすものであるとき，以下の問いに答えよ。

⑴　$A \cap B$ の要素の個数は

$$\boxed{\text{A}}$$

である。

⑵　$\overline{A} \cap C$ の要素の個数は

$$\boxed{\text{BC}}$$

である。

⑶　$\overline{A} \cap B$ の要素の個数は

$$\boxed{\text{D}}$$

である。

⑷　$\overline{A} \cap B \cap C$ の要素の個数は

$$\boxed{\text{E}}$$

である。

⑸　$A \cap B \cap C$ の要素の個数は

$$\boxed{\text{F}}$$

である。

注）部分集合：Subset，捕集合：Complement，偶数：Even Number

－ 計算欄 (memo) －

Ⅲ の問題はこれで終わりです。Ⅲ の解答欄　G　～　Z　はマークしないでください。

$\triangle ABC$ において，$\angle C = 90°$，$AB : AC = \sqrt{5} : \sqrt{3}$ とする。辺 BC の点 C 側の延長線上に，$CA = CD$ となる点 D をとる。辺 AB の中点を E とし，点 B から直線 AD に下した垂線を BF とするとき，面積比 $\triangle ABC : \triangle CEF$ を求めよ。

$AB = 2\sqrt{5}\,a$，$AC = 2\sqrt{3}\,a$ とおくと，$EC = \sqrt{\boxed{A}}\,a$，

$$EF = \sqrt{\boxed{B}}\,a$$

である。

$CA = CD$ であるから，

$$\angle D = \boxed{CD}\,°$$

である。

よって，

$$\angle FEC = \boxed{EF}\,°$$

である。

したがって，

$$\triangle ABC = \boxed{G}\sqrt{\boxed{H}}\,a^2,\ \ \triangle CEF = \frac{\boxed{I}}{\boxed{J}}\,a^2$$

である。

よって，

$$\triangle ABC : \triangle CEF = \boxed{K}\sqrt{\boxed{L}} : \boxed{M}$$

である。

注) 垂線：Perpendicular

– 計算欄 (memo) –

実戦問題

解答時間 80分

問1　a を実数とする。x の 2 次関数 $f(x)=\dfrac{1}{2}a^2x^2+(2a-1)x$ について，

2 次関数 $y=f(x)$ のグラフの頂点の座標を a を用いて表すと

$$\left(\frac{-\boxed{\text{A}}\,a+\boxed{\text{B}}}{a^2},\ \frac{-\boxed{\text{C}}\,a^2+\boxed{\text{D}}\,a-\boxed{\text{E}}}{2a^2}\right)$$

である。

　　次の文中の $\boxed{\text{F}}$ ～ $\boxed{\text{N}}$ には，下の⓪～⑨の中から適するものを選びなさい。

⑴　すべての実数 x に対して $f(x)>-1$ が成り立つような a の範囲は
$\boxed{\text{F}}<a<\boxed{\text{G}}$ である。

⑵　すべての実数 $-1\leqq x\leqq 1$ に対して $f(x)>-1$ が成り立つような a の範囲を求めよ。

$\dfrac{-\boxed{\text{A}}\,a+\boxed{\text{B}}}{a^2}$ と -1 の差を計算すると，$\dfrac{-\boxed{\text{A}}\,a+\boxed{\text{B}}}{a^2}\ \boxed{\text{H}}-1$
である。

　　したがって，次の 2 つの場合に分けて，a の範囲が求められる。

ⅰ）　$a\leqq\boxed{\text{I}}$ または $a\geqq\boxed{\text{J}}$ のとき，$\boxed{\text{K}}\leqq a<\boxed{\text{L}}$ である。

ⅱ）　$\boxed{\text{I}}<a<\boxed{\text{J}}$ のとき，$\boxed{\text{M}}<a<\boxed{\text{N}}$ である。

⓪　$1-\dfrac{\sqrt{2}}{2}$ 　　① $1+\dfrac{\sqrt{2}}{2}$ 　　② $\sqrt{2}-1$ 　　③ $-\sqrt{2}-1$ 　　④ 0

⑤　-4 　　　　　⑥ $<$ 　　　　　⑦ $\leqq$ 　　　　　⑧ $>$ 　　　　　⑨ $\geqq$

注）実数：Real Number，2 次関数：Quadratic Function

－ 計算欄 (memo) －

問2　箱の中に 1 から 10 までの番号が 1 つずつ書かれた 10 枚のカードが入っている。

(1)　箱からカードを同時に 2 枚取り出すとする。取り出した 2 枚に書かれた番号が続いている確率は

である。

　　ただし，2 枚に書かれた番号が続いているというのは，4 と 5 のように，一方の番号が他方の番号より 1 だけ大きいかあるいは 1 だけ小さい場合である。

(2)　箱からカードを同時に 3 枚取り出すとする。取り出したカードのうち少なくとも 2 枚に書かれた番号が続いている確率は

である。

(3)　箱からカードを同時に 4 枚取り出すとする。取り出したカードのうち少なくとも 2 枚に書かれた番号が続いている確率は

である。

注）確率：Probability

― 計算欄 (memo) ―

Ⅰ の問題はこれで終わりです。 Ⅰ の解答欄 V ～ Z はマークしないでください。

$\boxed{\text{II}}$

問1　$a = \dfrac{\sqrt{3}+\sqrt{2}}{\sqrt{3}-\sqrt{2}}$, $b = \dfrac{\sqrt{6}-2}{\sqrt{6}+2}$ とする。

(1)　$ab = \boxed{\ \textbf{A}\ }$

　　　$a+b = \boxed{\ \textbf{BC}\ }$

　　　$a^2 + b^2 = \boxed{\ \textbf{DE}\ }$

　　である。

(2)　$ab = \boxed{\ \textbf{A}\ }$ と $a^2 + b^2 - 8(a+b) = \boxed{\ \textbf{FG}\ }$ から，a は

$$a^4 - \boxed{\ \textbf{H}\ }a^3 - \boxed{\ \textbf{IJ}\ }a^2 - \boxed{\ \textbf{K}\ }a + \boxed{\ \textbf{L}\ } = 0$$

　　を満たすことがわかる。

－ 計算欄 (memo) －

問2　関数 $f(x)=|x^2-2x|$ について，この関数のグラフを参考にして，次の(1)〜(3)を考えよ。

(1)　$\dfrac{1}{4} \leqq x \leqq \dfrac{3}{2}$ のとき，

関数 $f(x)$ の最大値は $\boxed{\text{M}}$，最小値は $\dfrac{\boxed{\text{N}}}{\boxed{\text{OP}}}$

である。

(2)　$\dfrac{1}{2} \leqq x \leqq 3$ のとき，

関数 $f(x)$ の最大値は $\boxed{\text{Q}}$，最小値は $\boxed{\text{R}}$

である。

(3)　曲線 $y=f(x)$ と直線 $y=-\dfrac{1}{4}x+\dfrac{1}{2}$ の共有点の x 座標は

$$\dfrac{\boxed{\text{ST}}}{\boxed{\text{U}}}, \dfrac{\boxed{\text{V}}}{\boxed{\text{W}}}, \boxed{\text{X}}$$

である。

－ 計算欄（memo）－

Ⅱ の問題はこれで終わりです。 Ⅱ の解答欄 **Y** ～ **Z** はマークしないでください。

99 から 999 までの自然数の集合を全体集合 U とし，そのうち 11 で割ると 2 余るものの集合を A，7 の倍数の集合を B とおく。

(1)　A の要素の個数は

$$\boxed{AB}$$

である。

　　B の要素の個数は

$$\boxed{CDE}$$

である。

(2)　A ∩ B の要素の個数は

$$\boxed{FG}$$

である。

　　A ∩ B の要素のうち，最小のものは $\boxed{HIJ}$ と最大のものは $\boxed{KLM}$ である。

(3)　U の要素が 1 つずつ書かれた玉の入った袋から玉を 2 個取り出す。このとき，2 個の玉に書かれている数がいずれも 11 で割ると 2 余り，かつ 7 で割り切れない場合の確率は

$$\frac{\boxed{NO}\,C_2}{\boxed{PQR}\,C_2}$$

である。

注) 自然数：Natural Number

– 計算欄 (memo) –

Ⅲ の問題はこれで終わりです。Ⅲ の解答欄　S　～　Z　はマークしないでください。

$AB = 6$, $AC = 4$, $\angle BAC = 60°$ の $\triangle ABC$ がある。

(1)　点 P が $\triangle ABC$ の内心であるとき，

$$\angle BPC = \boxed{\textbf{ABC}}^{\circ}$$

である。

(2)　点 P が $\triangle ABC$ の外心であるとき，

$$BP = \frac{\boxed{\textbf{D}}\sqrt{\boxed{\textbf{EF}}}}{\boxed{\textbf{G}}}$$

である。

(4)　点 P が $\triangle ABC$ の重心であるとき，　$\triangle BPC$ の面積は

$$\boxed{\textbf{H}}\sqrt{\boxed{\textbf{I}}}$$

である。

- 計算欄 (memo) -

IV の問題はこれで終わりです。IV の解答欄 **J** ～ **Z** はマークしないでください。

コース 1 の問題はこれですべて終わりです。解答用紙の V はマークしないでください。

解答用紙の解答コース欄に「コース 1」が正しくマークしてあるか，
もう一度確かめてください。

この問題冊子を持ち帰ることはできません。

実戦問題

解答時間 **80**分

問1　a を実数とする。x の2次関数 $f(x)=x^2+ax+1$ の区間 $a-\dfrac{1}{2}\leqq x\leqq a+\dfrac{1}{2}$ における最小値を $m(a)$ とする。このとき，以下の問いに答えよ。

(1)　$m\left(\dfrac{1}{4}\right)=\dfrac{\boxed{\text{AB}}}{\boxed{\text{CD}}}$ である。

(2)　$m(a)$ を a の値で場合分けして求めよ。このとき，$m(a)$ の最小値を求めよ。次の文中の $\boxed{\text{E}}$ 〜 $\boxed{\text{J}}$ には，下の選択肢⓪〜⑨の中から適するものを選びなさい。

　i)　$\boxed{\text{E}}\leqq a$ のとき，$m(a)=\boxed{\text{F}}$

　　　$\boxed{\text{G}}<a<\boxed{\text{E}}$ のとき，$m(a)=\boxed{\text{H}}$

　　　$a\leqq\boxed{\text{G}}$ のとき，$m(a)=\boxed{\text{I}}$

　　　である。

　ii)　関数 $m(a)$ のグラフを参考にして，a が実数全体を働くとき，$m(a)$ の最小値は $\boxed{\text{J}}$ である。

⓪　$\dfrac{35}{36}$　　　　　①　$\dfrac{31}{32}$　　　　　②　$\dfrac{31}{35}$

③　$-\dfrac{1}{3}$　　　　　④　$\dfrac{1}{3}$　　　　　⑤　$2a^2-\dfrac{3}{2}a+\dfrac{5}{4}$

⑥　$2a^2+\dfrac{3}{2}a+\dfrac{5}{4}$　　⑦　$\dfrac{1}{4}a^2+1$　　　　⑧　$-\dfrac{1}{4}a^2+1$

⑨　$a^2-\dfrac{3}{2}a+\dfrac{5}{4}$

(3)　$m(a)-k<0$ を満たす x の値の範囲が $m<x<n$ と $p<x<q$ （ただし，$n<p$ とする）のように2つの区間に分けれるのが，k が $\dfrac{\boxed{\text{KL}}}{\boxed{\text{MN}}}<k<\boxed{\text{O}}$ を満たすときである。

注）実数：Real Number，2次関数：Quadratic Function，区間：Interval

- 計算欄 (memo) -

問2　単語の USUALLY を構成する 7 文字を横一列に並べ替えることを考える。

(1)　この並べ方は

$$\boxed{\text{PQRS}}$$

通りある。

(2)　S と A が隣り合うような並べ方は

$$\boxed{\text{TUV}}$$

通りある。

(3)　S が A よりも左にあり，かつ Y が A よりも右にあるような並べ方は

$$\boxed{\text{WXY}}$$

通りある。

－ 計算欄 (memo) －

$\boxed{\text{I}}$ の問題はこれで終わりです。 $\boxed{\text{I}}$ の解答欄 $\boxed{\textbf{Z}}$ はマークしないでください。

問1　$\alpha = \sqrt{7} + \sqrt{7+\sqrt{13}} + \sqrt{7-\sqrt{13}}$ とするとき，整数係数の2次多項式 $f(x)$ で $f(\alpha)=0$ となるもののうち，x^2 の係数が1であるものを求めよ。また，$f(x)=0$ の他の解を求めよ。

$a = \sqrt{7+\sqrt{13}}$，$b = \sqrt{7-\sqrt{13}}$ とおくと

$$a^2 + b^2 = \boxed{\text{AB}} \quad \cdots\cdots\cdots \quad ①$$

$$ab = \boxed{\text{C}} \quad \cdots\cdots\cdots \quad ②$$

となる。

まず，①と②より，

$$(a+b)^2 = \boxed{\text{DE}}$$

である。

ここで，

$$\left(\alpha - \sqrt{7}\right)^2 = \boxed{\text{DE}}$$

である。

したがって，

$$f(x) = x^2 - \boxed{\text{F}}\sqrt{\boxed{\text{G}}}\,x - \boxed{\text{HI}}$$

$$f(x)=0 \text{ の他の解は } \sqrt{\boxed{\text{J}}} - \sqrt{\boxed{\text{KL}}}$$

である。

－ 計算欄（memo）－

問2　$a > 0$ とする。関数 $f(x) = x^2 - 3|x| + a$，$g(x) = |x| - a$ について，次の問いに答えよ。

(1)　2つの関数のグラフが2つの共有点をもつときの a の値を求めよ。

　　2つの関数のグラフの共有点の x 座標の値は，方程式 $f(x) = g(x)$ ……… ①
の実数解として得られる。

　　ここで，

$$① \Leftrightarrow a = \dfrac{\boxed{\text{MN}}}{\boxed{\text{O}}}\left(|x| - \boxed{\text{P}}\right)^2 + \boxed{\text{Q}} \quad ……… \quad ②$$

であるから，求める a の値は

$$a = \boxed{\text{R}}$$

である。

(2)　②より，2つの関数のグラフが共有点をもつとき，それらの x 座標の絶対値がすべて1以上かつ3以下になるような a の値の範囲は

$$\dfrac{\boxed{\text{S}}}{\boxed{\text{T}}} \leqq a \leqq \boxed{\text{U}}$$

である。

注）絶対値：Absolute Value

- 計算欄 (memo) -

Ⅱ の問題はこれで終わりです。Ⅱ の解答欄 **V** ～ **Z** はマークしないでください。

自然数 a を 9 で割った余りを $\mathrm{R}(a)$ とする。自然数 m が $\mathrm{R}(2^{2020}m+2^{32})=5$ を満たすとき，$\mathrm{R}(m)$ の値を求めよ。

⑴　条件より，
$$\mathrm{R}(2^{\boxed{\text{A}}})=1$$
であるから，
$$\mathrm{R}(2^{n+\boxed{\text{A}}})=\mathrm{R}(2^n)$$
が成り立つ。
　　よって，
$$\mathrm{R}(2^{2020})=\mathrm{R}(2^{\boxed{\text{B}}})=\boxed{\quad\text{C}\quad}$$
である。

⑵　⑴と同様に考えると，
$$\mathrm{R}(2^{2020}m+2^{32})=\mathrm{R}(2^{\boxed{\text{D}}}m+2^{\boxed{\text{E}}})=5$$
ゆえに，
$$\mathrm{R}(2^{\boxed{\text{D}}}m)=\boxed{\quad\text{F}\quad}。$$
したがって，
$$\mathrm{R}(m)=\boxed{\quad\text{G}\quad}$$
である。

注）自然数：Natural Number

― 計算欄 (memo) ―

Ⅲ の問題はこれで終わりです。Ⅲ の解答欄 　H　 ～ 　Z　 はマークしないでください。

△ABC において，点 A から辺 BC に垂線 AH を下ろす。線分 AH を直径
とする円 O と辺 AB, AC の交点をそれぞれ D, E とし，円 O の半径を $\sqrt{2}$,
BH＝1, CE＝$3\sqrt{2}$ とする。

⑴　線分 DB の長さは

$$\frac{\boxed{A}}{\boxed{B}}$$

　　である。

⑵　線分 HC と線分 CA の長さをそれぞれは

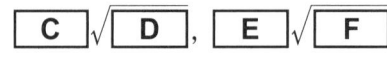

$$\boxed{C}\sqrt{\boxed{D}}, \boxed{E}\sqrt{\boxed{F}}$$

　　である。

⑶　∠EDH の大きさは

$$\boxed{GH}\,°$$

　　である。
　　　したがって，

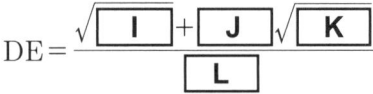

$$DE = \frac{\sqrt{\boxed{I}} + \boxed{J}\sqrt{\boxed{K}}}{\boxed{L}}$$

　　である。

注）垂線：Perpendicular

- 計算欄（memo） -

第**7**回

実戦問題
解答時間 80 分

正解と得点分布図確認

QRコードを読み取っ
てオンライン解答用
紙に解答を記入し、正
解と得点分布を確認
してください。

問1　$a,\ b,\ c$ を定数とする。2つの関数 $f(x)=(\,|\,x-2a\,|-3\,)^2$, $g(x)=-x^2+4bx+c$ について考えよ。

(1)　$a=3$ のとき，不等式 $f(x)\leqq g(x)$ の解が $0\leqq x\leqq12$ となるような $b,\ c$ の値を求めよ。

　　　関数 $y=f(x)$ を絶対値の記号を用いずに表すと，

$$x\geqq\boxed{\text{A}}\ \text{のとき，}\ f(x)=(x-\boxed{\text{B}})^2$$
$$x<\boxed{\text{A}}\ \text{のとき，}\ f(x)=(x-\boxed{\text{C}})^2$$

となる。

　　　この関数のグラフを参考にして，

$$b=\boxed{\text{D}},\quad c=\boxed{\text{E}}$$

である。

(2)　関数 $f(x)$ の $0\leqq x\leqq9$ における最大値が 9 となるような a の範囲を求めよ。ただし，$a\geqq0$。

　　　$f(2a)=\boxed{\text{F}}$ であるから，条件より，$f(2a)\geqq f(\boxed{\ \text{G}\ })$ である。

　　　よって，$\boxed{\text{H}}\leqq a\leqq\boxed{\text{I}}$ のとき，関数 $f(x)$ の最大値が 9 となるような a の値の範囲を求めればよい。

ⅰ）　$a=\boxed{\text{H}}$ のとき，$f(9)>f(\boxed{\text{H}})=9$ であるから，不適合。

ⅱ）　$\boxed{\text{H}}<a<\boxed{\text{I}}$ のとき，$\dfrac{\boxed{\text{J}}}{\boxed{\text{K}}}\leqq a<\boxed{\text{L}}$ である。

ⅲ）　$a=\boxed{\text{I}}$ のとき $f(x)$ の最大値は $f(0)=f(6)=9$ であり，条件に満たすから，$a=\boxed{\text{L}}$ である。

　　　したがって，$\dfrac{\boxed{\text{J}}}{\boxed{\text{K}}}\leqq a\leqq\boxed{\text{L}}$

である。

注）定数：Constant，絶対値：Absolute Value

－ 計算欄 (memo) －

問2　1から10までの番号が1つずつ書かれた10枚のカードが箱に入っている。箱から1枚ずつカードを取り出す。ただし，取り出したカードはもとに戻さない。

(1)　続けて5枚取り出すとき，カードの番号が，偶数，奇数，偶数，偶数，奇数の順番となる確率は

である。

(2)　続けて5枚取り出すとき，そのうちちょうど3枚のカードの番号が偶数となる確率は

である。

(3)　奇数番号のカードのうち2枚，偶数番号のカードのうち3枚が，赤く塗られているとする。この10枚のカードから続けて3枚取り出したところ，ちょうど2枚が赤であった。このとき，カードの番号が偶数，奇数，偶数の順番で取り出された確率は

である。

注) 偶数：Even Number，奇数：Odd Number，確率：Probability

– 計算欄 (memo) –

I の問題はこれで終わりです。 I の解答欄　**X**　〜　**Z**　はマークしないでください。

$\boxed{\text{II}}$

問1　実数 p に対し，$X=\dfrac{p}{2}$，$Y=\dfrac{p-1}{2}$，$Z=\dfrac{p-2}{2}$ とする。

(1)　$p=\dfrac{1}{\sqrt{2}-1}$ のとき，$X^3+Y^3+Z^3$ の値を求めよ。

まず，$X^3+Y^3+Z^3$ を p の多項式で表せ。

$$X^3+Y^3+Z^3=\frac{\boxed{A}\,p^3-\boxed{B}\,p^2+\boxed{CD}\,p-\boxed{E}}{\boxed{F}}$$

である。

$p=\dfrac{1}{\sqrt{2}-1}$ であるから，

$$p^2=\boxed{G}\,p+\boxed{H}, \quad p^3=\boxed{I}\,p+\boxed{J}$$

である。
よって，

$$X^3+Y^3+Z^3=\frac{\boxed{K}\sqrt{\boxed{L}}}{\boxed{M}}$$

である。

(2)　p の恒等式として $4Z^3=Xp^2+aYp+bZ+c$ を満たす実数 a, b, c を求めよ。
等式の両側の各次の係数を比較して，

$$a=\boxed{NO}, \quad b=\boxed{P}, \quad c=\boxed{Q}$$

である。

注）実数：Real Number

－計算欄 (memo) －

問2　a を定数とする。2次関数 $f(x)=x^2-ax+2a^2+a$ を考える。

　　$f(x)$ は $f(x)=\left(x-\dfrac{1}{2}a\right)^2+\dfrac{\boxed{R}}{\boxed{S}}a^2+a$ と表される。

(1)　$y=f(x)$ のグラフと x 軸が異なる2点 A，B で交わるような a の値の範囲は

$$-\frac{\boxed{T}}{\boxed{U}}<a<\boxed{V}$$

　　である。

　　その2つの交点のうち1つは，$0<x<2$ の範囲内にあるとする。

　　このとき，a の値の範囲は

$$-\frac{\boxed{W}}{\boxed{X}}<a<\boxed{V}$$

　　である。

(2)　2次関数 $y=f(x)$ のグラフの頂点は，a の値が変化するとき，曲線

$$y=\boxed{Y}x^2+\boxed{Z}x$$

　　上を動く。

注）2次関数：Quadratic Function

– 計算欄 (memo) –

Ⅱ の問題はこれで終わりです。

z を素数，x，w を 0 でない整数とする。$2z+3w=1$ と $\dfrac{13}{x}+\dfrac{1}{2z}+\dfrac{1}{3w}=1$ を同時に満たす x，z，w の組をすべて求めよ。

　　まず，x，y を 0 でない整数とする。方程式 $\dfrac{13}{x}+\dfrac{1}{y}=1$ ……… ① を満たす x，y の組を考える。

　　①を変形して

$$\left(x-\boxed{\text{AB}}\right)\left(y-\boxed{\text{C}}\right)=\boxed{\text{DE}}$$

を得る。これより

$$(x,\ y)=\left(\boxed{\text{FG}},\ \boxed{\text{H}}\right),\ \left(\boxed{\text{IJ}},\ \boxed{\text{KL}}\right),\ \left(\boxed{\text{MN}},\ \boxed{\text{OPQ}}\right)$$

である。

　　また，$2z+3w=1$ より，$\dfrac{1}{2z}+\dfrac{1}{3w}=\dfrac{\boxed{\text{R}}}{\boxed{\text{S}}\,zw}$ が成り立つので，

$\dfrac{13}{x}+\dfrac{1}{2z}+\dfrac{1}{3w}=1$ は $\dfrac{13}{x}+\dfrac{\boxed{\text{R}}}{\boxed{\text{S}}\,zw}=1$ と変形できる。

　　ここで，z，w は 0 でない整数であるから，$\boxed{\text{S}}\,zw$ は 0 でない $\boxed{\text{S}}$ の倍数である。

　　したがって，①の結果から，

$$(x,\ z,\ w)=\left(\boxed{\text{TU}},\ \boxed{\text{V}},\ \boxed{\text{WX}}\right)$$

である。

注) 素数：Prime Number

- 計算欄（memo）-

III の問題はこれで終わりです。III の解答欄　Y　～　Z　はマークしないでください。

$$\boxed{\text{IV}}$$

　　AB $= 6$，BC $= 14$，CA $= 10$ である $\triangle$ABC において，内接円の中心を I，外接円の中心を O とし，I，O から辺 BC に下ろした垂線の足をそれぞれ P，Q とする。

(1)　$\sin A = \dfrac{\sqrt{\boxed{\text{A}}}}{\boxed{\text{B}}}$ であり，$\triangle$ABC の面積

$$\boxed{\text{CD}}\sqrt{\boxed{\text{E}}}$$

　　である。

(2)　(1)において，IP $= \sqrt{\boxed{\text{F}}}$ である。

　　また，接線の長さより BP $= \boxed{\text{G}}$ である。

(3)　BQ $= \boxed{\text{H}}$ であるから，OQ $= \dfrac{\boxed{\text{I}}\sqrt{\boxed{\text{J}}}}{\boxed{\text{K}}}$ である。

(4)　線分 IO と線分 BC の交点を R とすると，

$$\text{PR} = \dfrac{\boxed{\text{L}}}{\boxed{\text{M}}}$$

　　である。

注) 内接円：Incircle，外接円：Circumscribed Circle，垂線：Perpendicular，接線：Tangent

– 計算欄（memo） –

IV の問題はこれで終わりです。IV の解答欄　N　～　Z　はマークしないでください。

コース 1 の問題はこれですべて終わりです。解答用紙の　V　はマークしないでください。

解答用紙の解答コース欄に「コース 1」が正しくマークしてあるか，

もう一度確かめてください。

この問題冊子を持ち帰ることはできません。

－ 105 －

第**8**回

実戦問題

解答時間 **80**分

$\boxed{\text{I}}$

問1　$a \neq 0$ とし，放物線 $y = a(x-2)^2 + \dfrac{1}{2a}$ を C，直線 $y = x$ を L_1 とする。また，点 $(2,\ 0)$ を通り傾き m の直線を L_2 とする。

(1)　放物線 C と直線 L_1 が異なる 2 点で交わるような a の値の範囲は

$$a > \dfrac{\boxed{A}}{\boxed{B}}$$

である。

(2)　$a > 1$ のとき，放物線 C が直線 L_1 から切り取る線分の長さを L とする。$\sqrt{2} \leqq \mathrm{L} \leqq 2$ となるような，a の値の範囲は

$$\boxed{C} + \dfrac{\sqrt{\boxed{DE}}}{\boxed{F}} \leqq a \leqq \boxed{G} + \sqrt{\boxed{HI}}$$

である。

(3)　放物線 C と直線 L_2 が接するとき，m は a に無関係な値

$$m = -\sqrt{\boxed{J}},\ \sqrt{\boxed{K}}$$

をとる。

また，$m = -\sqrt{\boxed{J}}$ のとき，接点の x 座標は

$$\dfrac{\boxed{L}\,a - \sqrt{\boxed{M}}}{\boxed{N}\,a}$$

である。

$m = \sqrt{\boxed{K}}$ のとき，接点の x 座標は

$$\dfrac{\boxed{L}\,a + \sqrt{\boxed{M}}}{\boxed{N}\,a}$$

である。

注）放物線：Parabola

- 計算欄（memo）-

問2　箱の中に，1の数字を書いたカード，2の数字を書いたカード，3の数字を書いたカードがそれぞれ1枚ずつ入っている。この箱の中から，無作為にカードを1枚取り出して数字を記録し，もとに戻すという試行を6回繰り返す。6個の数字を記録された順に x_1, x_2, x_3, x_4, x_5, x_6 とし，$x_1(x_2+x_3)(x_4+x_5+x_6)$ を a とおく。次の問いに答えよ。

(1)　a が 10 である確率は

である。

(2)　a が奇数である確率は

である。

(3)　a の正の約数の個数が 3 であるとき，

$$a = \boxed{\text{U}}, \boxed{\text{VW}}$$

である。

また，a が奇数であったとき，a の正の約数の個数が 3 である確率は

である。

注）確率：Probability，奇数：Odd Number

－ 計算欄 (memo) －

I の問題はこれで終わりです。 I の解答欄　**Z**　はマークしないでください。

問1　a を定数とし，$f(x)=|\,2x-3\,|+(a+2)x-3$ とする。

関数 $y=f(x)$ を絶対値の記号を用いずに表すと

$$x \geqq \frac{\boxed{A}}{\boxed{B}} \text{ のとき，} f(x)=(a+\boxed{C})x-\boxed{D}$$

$$x < \frac{\boxed{A}}{\boxed{B}} \text{ のとき，} f(x)=ax$$

である。

この関数のグラフが x 軸とちょうど2点で交わるとする。そのとき，a の値の範囲は

$$-\boxed{E}<a<\boxed{F}$$

である。

また，その2点の x 座標は

$$\boxed{G}, \quad \frac{\boxed{D}}{a+\boxed{C}}$$

である。

したがって，不等式 $f(x) \leqq y \leqq 0$ の表す領域の面積は

$$\frac{\boxed{HI}\,a}{\boxed{J}\,a+\boxed{K}}$$

である。

注）定数：Constant，絶対値：Absolute Value

－計算欄（memo）－

問2　実数 x と y が $2x^2+3xy+2y^2=7$ ……… ① を満たしながら動くとき，以下の問いに答えよ。

(1)　$x+y=t$ とおき，等式①を x, t を用いて表すと

$$x^2-tx+\boxed{\text{ L }}\,t^2-7=0$$

となる。

　　したがって，t の値の範囲は

$$-\boxed{\text{ M }}\leqq t\leqq\boxed{\text{ M }}$$

である。

　　さらに，$xy=s$ とおく。このとき，①より，t を用いて s を表すと

$$s=\boxed{\text{ N }}\,t^2-\boxed{\text{ O }}$$

である。

(2)　$Z=x^2+y^2+6x+6y-14$ とするとき，Z は t を用いて

$$Z=-\boxed{\text{ P }}\,t^2+6t$$

と表される。

　　したがって，Z の最大値は $\boxed{\text{ Q }}$ であり，このとき，

$$(x,\,y)=\left(\frac{\boxed{\text{ R }}\mp\sqrt{\boxed{\text{ ST }}}}{\boxed{\text{ U }}},\ \frac{\boxed{\text{ R }}\pm\sqrt{\boxed{\text{ ST }}}}{\boxed{\text{ U }}}\right)\ (\text{複号同順})$$

である。

　　Z の最小値は $\boxed{\text{ VWX }}$ であり，このとき，$(x,\,y)=(-\boxed{\text{ Y }},\,-\boxed{\text{ Z }})$ である。

注）実数：Real Number

– 計算欄 (memo) –

Ⅱ の問題はこれで終わりです。

$\quad$ 自然数 n の末尾に連続して並ぶ 0 の数を $f(n)$ と表すものとする。例えば，$f(2100)=2$，$f(2102)=0$，$f(2210)=1$ である。

$\quad$ また，m を自然数として，$\quad S_m = \displaystyle\sum_{k=1}^{m} k = \dfrac{m(m+1)}{2}$ とする。

(1)$\quad f(2^2 \cdot 3^3 \cdot 5^3) = \boxed{\text{A}}$

$\quad$ である。

(2)$\quad f(S_m)=1$ となる m を小さい方から 4 つもつのは

$$\boxed{\text{B}}, \quad \boxed{\text{CD}}, \quad \boxed{\text{EF}}, \quad \boxed{\text{GH}}$$

$\quad$ である。

(3)$\quad f(S_m)=2$ となる最小の m は

$$\boxed{\text{IJ}}$$

$\quad$ である。

注）自然数：Natural Number

− 計算欄 (memo) −

⊞ の問題はこれで終わりです。⊞ の解答欄 K ～ Z はマークしないでください。

#

右図のような∠B＝∠C＝30° の二等辺三角形 ABC において，△ABC の外接円の中心を O，AB ＝ 3 とする。さらに，小さい方の弧 AC 上に AP ＝ PC となる点 P をとる。

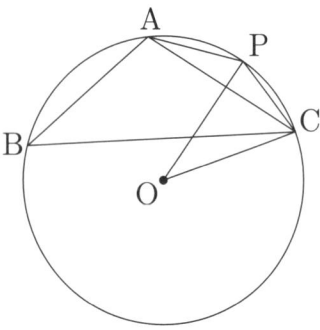

⑴　三角形 ABC の外接円の半径は

$$\boxed{A}$$

である。

⑵　条件より，BC＝$\boxed{B}\sqrt{\boxed{C}}$ ，

また，∠BOP＝$\boxed{DE}$° であるから，BP＝$\boxed{F}\sqrt{\boxed{G}}$ である。

⑶　⑵において，∠BPC ＝$\boxed{HIJ}$° である。

よって，

$$CP = \frac{\boxed{K}\left(\sqrt{\boxed{L}}-\sqrt{\boxed{M}}\right)}{\boxed{N}}$$

である。

⑷　以上より，四角形 ABCP の面積は

$$\frac{\boxed{O}}{\boxed{P}}$$

である。

注）外接円：Circumscribed Circle

－ 計算欄 (memo) －

IV の問題はこれで終わりです。 IV の解答欄 **Q** ～ **Z** はマークしないでください。

コース 1 の問題はこれですべて終わりです。解答用紙の **V** はマークしないでください。

解答用紙の解答コース欄に「コース 1」が正しくマークしてあるか，
もう一度確かめてください。

この問題冊子を持ち帰ることはできません。

実戦問題

解答時間 **80**分

問1　放物線 $C_1 : y = \dfrac{1}{2}x^2 - 2x + 3$ を x 軸方向に a だけ，y 軸方向に b だけ平行移動した放物線を C_2 とするとき，C_2 は直線 $y = 2x + 1$ に接する。ただし，a, b は整数とする。

(1)　C_2 の頂点は

$$\left(a + \boxed{\text{A}},\ b + \boxed{\text{B}}\right)$$

である。

(2)　C_2 は直線 $y = 2x + 1$ に接するから，

$$b = \boxed{\text{C}}\,a + \boxed{\text{D}}$$

である。

(3)　C_1 の頂点と C_2 の頂点との距離を d とするとき，

$$d^2 = \boxed{\text{E}}\,a^2 + \boxed{\text{FG}}\,a + \boxed{\text{HI}}$$

である。

d^2 の最小値は

$$\boxed{\text{J}}$$

である。

そのとき，

$$a = \boxed{\text{KL}},\quad b = \boxed{\text{M}}$$

である。

注）放物線：Parabola

- 計算欄 (memo) -

問2　6人の生徒 a, b, c, d, e, f に対して3つの部屋 A, B, Cがある。A, B, Cの最大収容人数は A が2人，B が3人，C が4人である。

(1)　生徒全員を一列に並べるとき，c と d が隣り合う並べ方は

$$\boxed{\textbf{NOP}}$$

通り。

(2)　生徒全員を3つの部屋に入れるとき，A の人数が2人になるような入れ方は

$$\boxed{\textbf{QRS}}$$

通り。ただし，空き部屋があってもよいとする。

(3)　生徒全員を3つの部屋に入れるとき，c が A に入れるような入れ方は

$$\boxed{\textbf{TUV}}$$

通り。ただし，空き部屋があってもよいとする。

(4)　生徒全員を3つの部屋に入れる入れ方は

$$\boxed{\textbf{WXY}}$$

通り。ただし，空き部屋があってもよいとする。

- 計算欄 (memo) -

$\boxed{\text{I}}$ の問題はこれで終わりです。$\boxed{\text{I}}$ の解答欄 $\boxed{\textbf{Z}}$ はマークしないでください。

問1　多項式

$$Z = 2p^4 + 3p^3q + 2p^2q^2 + 3pq^3 + 2q^4$$

を考える。ただし，p，q は自然数とする。

(1)　$p+q=a$，$pq=b$ とするとき，Z を a と b を用いて表すと，

$$Z = a^2(\boxed{\textbf{A}}\,a^2 - \boxed{\textbf{B}}\,b)$$

と変形できる。

(2)　$Z = 2^2 \times 11^2 \times 23$ となるとき，p，q は自然数であるから，この条件を満たす自然数 a, b の組は

$$(a,\ b) = (\boxed{\textbf{CD}},\ \boxed{\textbf{EF}})$$

である。

　さらに，自然数 p，q の組は

$$(p,\ q) = (\boxed{\textbf{G}},\ \boxed{\textbf{H}}),\ (\boxed{\textbf{I}},\ \boxed{\textbf{J}})$$

である。ただし，$\boxed{\textbf{G}} < \boxed{\textbf{I}}$ 。

注）自然数：Natural Number

－計算欄（memo）－

問 2　2 次関数 $f(x)=-2x^2+8ax-7a^2-2a+1$ の $-2 \leqq x \leqq 3$ における最大値 M について考える。ただし，a を定数とする。

⑴　$y=f(x)$ のグラフの頂点の座標は $(\boxed{\text{K}} a,\ a^2- \boxed{\text{L}} a+1)$ である。

⑵　次の文中の $\boxed{\text{M}} \sim \boxed{\text{Q}}$ には，下の選択肢⓪〜⑨の中から適するものを選びなさい。

　　最大値 M を軸の位置に応じて求めると

$$\boxed{\text{M}} < a \text{ のとき，} \quad \text{M} = \boxed{\text{N}}$$

$$\boxed{\text{O}} \leqq a \leqq \boxed{\text{M}} \text{ のとき，} \quad \text{M} = \boxed{\text{P}}$$

$$a < \boxed{\text{O}} \text{ のとき，} \quad \text{M} = \boxed{\text{Q}}$$

である。

⓪　0　　　　　　　　①　1　　　　　　　　②　$\dfrac{3}{2}$

③　-1　　　　　　　④　$a^2- \boxed{\text{L}} a+1$　　　⑤　$-a^2+ \boxed{\text{L}} a-1$

⑥　$-7a^2+22a-17$　　⑦　$-7a^2-22a-17$　　⑧　$-7a^2-18a-7$

⑨　$7a^2-18a-7$

⑶　M が最大となるのは $a=\dfrac{\boxed{\text{RS}}}{\boxed{\text{T}}}$ のときであり，

このときの M の値は $\dfrac{\boxed{\text{UV}}}{\boxed{\text{W}}}$ である。

注）2 次関数：Quadratic Function，定数：Constant

- 計算欄 (memo) -

#

⑴　縦 8 cm，横 42 cm，高さ 18 cm の直方体の箱を，同じ向きにすき間なく並べたり積み上げたりして，立方体をつくる。このとき，つくることのできる立方体のうち，もっとも小さい立方体の一辺の長さは

$$\boxed{\text{ABC}}\ \text{cm}$$

である。

　　また，この立方体に使われる箱の数は

$$\boxed{\text{DEFGH}}\ \text{個}$$

である。

⑵　一辺の長さが a cm の立方体をすき間なく並べたり積み上げたりして，縦 252 cm，横 168 cm，高さ 294 cm の直方体をつくる。このとき，立方体の一辺の長さがもっとも大きい立方体の一辺の長さは

$$\boxed{\text{IJ}}\ \text{cm}$$

である。

　　また，この直方体に使われる箱の数は

$$\boxed{\text{KLM}}\ \text{個}$$

である。

− 計算欄 (memo) −

Ⅲ の問題はこれで終わりです。Ⅲ の解答欄 **N** 〜 **Z** はマークしないでください。

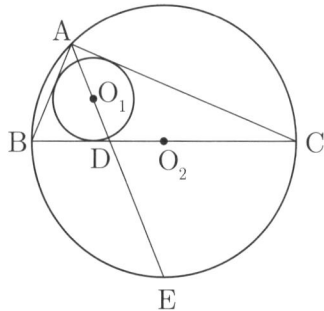

　　図のように $\triangle ABC$ と O_1 を中心とする内接円，O_2 を中心とする外接円があり，$\angle A = 90°$，$\angle B = 60°$，$AB = \sqrt{3}$ である。

　　A と O_1 を通る直線と辺 BC との交点を D，外接円との交点を E とする。このとき，次の値を求めよ。

(1)　$\triangle ABC$ の内接円の半径は $r_1 = \dfrac{\boxed{A} - \sqrt{\boxed{B}}}{\boxed{C}}$ であり，

　　　$\triangle ABC$ の外接円の半径は $r_2 = \sqrt{\boxed{D}}$ である。

(2)　条件より，$\angle ADB = \boxed{EF}°$，$AD = \dfrac{\boxed{G}\left(\sqrt{\boxed{H}} - \sqrt{\boxed{I}}\right)}{\boxed{J}}$ である。

　　　また，$AC = \boxed{K}$ であるから，$BD = \boxed{L} - \sqrt{\boxed{M}}$ である。

(3)　$\triangle BCO_1$ の外接円の半径は $r_3 = \sqrt{\boxed{N}}$ である。

注) 内接円：Incircle，外接円：Circumscribed Circle

－ 計算欄 (memo) －

IV の問題はこれで終わりです。IV の解答欄 **O** ～ **Z** はマークしないでください。

コース1の問題はこれですべて終わりです。解答用紙の **V** はマークしないでください。

解答用紙の解答コース欄に「コース1」が正しくマークしてあるか，

もう一度確かめてください。

この問題冊子を持ち帰ることはできません。

第**10**回

実戦問題

解答時間 **80**分

正解と得点分布図確認

QRコードを読み取っ
てオンライン解答用
紙に解答を記入し、正
解と得点分布を確認
してください。

問1　a, b を定数とし，放物線 C：$y = x^2 + ax + b$ の頂点が直線 $y = x + 1$ 上にあるとき以下について考えよ。

(1)　b は a を用いて表すと

$$b = \frac{1}{\boxed{A}}\left(a - \boxed{B}\right)^2 + \frac{\boxed{C}}{\boxed{D}}$$

である。

(2)　放物線 C が点 $(0, 1)$ を通るとき，C の頂点の座標は

$$\left(\boxed{E}, \boxed{F}\right) \text{ または } \left(\boxed{GH}, \boxed{I}\right)$$

である。

(3)　放物線 C が x 軸と異なる 2 点で交わり，かつその 2 点間の距離が 2 であるとき，C の頂点の座標は

$$\left(\boxed{JK}, \boxed{LM}\right)$$

である。

注）定数：Constant, 放物線：Parabola

－計算欄（memo）－

問2　右の図のように，ある街には東西に平行に4本，南北に平行に5本の道がある。これらの道を通って，最短距離でスタート地点からゴール地点へ向かう。

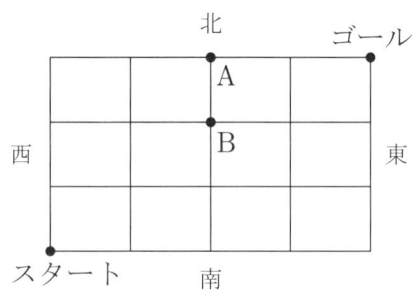

(1)　道順は全部で

$$\boxed{\text{NO}}$$

通りある。

(2)　地点Bを通る道順は全部で

$$\boxed{\text{PQ}}$$

通りある。

　ここで，各交差点で，東に行くか，北に行くかは等確率とし，一方しか行けないときは確率1でその方向に行くものとする。以下の各問いに答えよ。

(3)　地点Bを通る確率は

$$\frac{\boxed{\text{R}}}{\boxed{\text{S}}}$$

である。

(4)　地点Aを通る確率は

$$\frac{\boxed{\text{T}}}{\boxed{\text{U}}}$$

である。

(5)　地点Aと地点Bのうち，少なくとも一方を通る確率は

$$\frac{\boxed{\text{VW}}}{\boxed{\text{XY}}}$$

である。

注）確率：Probability

- 計算欄 (memo) -

問1　$f(p, q, r)=p^3+q^3-8r^3+6pqr$ とする。p, q, r は正の整数とする。

(1)　$f(p, q, r)$を因数分解すると

$$f(p, q, r)=(p+q-\boxed{\textbf{A}}\,r)(p^2+q^2+\boxed{\textbf{B}}\,r^2-pq+\boxed{\textbf{C}}\,pr+\boxed{\textbf{D}}\,qr)$$

である。

(2)　$p^2+q^2+\boxed{\textbf{B}}\,r^2-pq+\boxed{\textbf{C}}\,pr+\boxed{\textbf{D}}\,qr=\dfrac{\boxed{\textbf{E}}}{\boxed{\textbf{F}}}\{(p-q)^2+(p+\boxed{\textbf{G}}\,r)^2+(q+\boxed{\textbf{H}}\,r)^2\}>0$

であるから，

　　等式 $f(p, q, r)=0$ と $p^2+10q-20r=11$ の両方を満たす正の整数の組 (p, q, r) の中で，$q\leqq10$ をすべては $\boxed{\textbf{I}}$ 個あり，その中で r 最小の組は

$$(\boxed{\textbf{JK}}, \boxed{\textbf{L}}, \boxed{\textbf{M}})$$

である。

注）因数分解する：Factorize

－計算欄 (memo) －

問2　a, b を定数とし，x の2次関数

$$y = 2x^2 + 4x + 6 + 2a$$

のグラフを C とする。

(1)　グラフ C の頂点の座標を a を用いて表すと

$$(\boxed{\text{NO}}, \boxed{\text{P}} + 2a)$$

である。

(2)　C のグラフを x 軸方向に a，y 軸方向に b だけ平行移動した放物線を C′ とする。C′ の頂点が直線 $y = x + 2$ にあるとき，b を a の式で表すと

$$b = \boxed{\text{Q}}\, a - \boxed{\text{R}}$$

となる。

(3)　C の頂点と C′ の頂点を結ぶ線分の長さ $\sqrt{a^2 + b^2}$ の最小は

$$\frac{\boxed{\text{S}}\sqrt{\boxed{\text{T}}}}{\boxed{\text{U}}}$$

である。
　このとき，

$$a = -\frac{\boxed{\text{V}}}{\boxed{\text{W}}}, \quad b = -\frac{\boxed{\text{X}}}{\boxed{\text{Y}}}$$

である。

注）2次関数：Quadratic Function

- 計算欄 (memo) -

a, b は正の整数とし, $a \geqq b$ とする。三角形 ABC において, BC $= a$, CA $= b$, $\angle$BCA $= 90°$ とし, 三角形 ABC の内接円の半径を r とする。このとき,

$$a + b - \boxed{\text{A}}\, r = \sqrt{a^2 + b^2}$$

が成り立つ。$r = 3$ のとき, 組 (a, b) は

$$(a, b) = (\boxed{\text{BC}}, \boxed{\text{D}}), (\boxed{\text{EF}}, \boxed{\text{G}}), (\boxed{\text{HI}}, \boxed{\text{J}})$$

である。

　ただし, $\boxed{\text{D}} < \boxed{\text{G}} < \boxed{\text{J}}$。

　また, $r = 3^{10}$ のとき, 組 (a, b) は全部で

$$\boxed{\text{KL}}$$

組ある。

　このとき, $a - b$ の最大値は

$$\boxed{\text{M}} \times 3^{\boxed{\text{NO}}} - \boxed{\text{P}},$$

最小値は

$$3^{\boxed{\text{QR}}}$$

である。

注）内接円：Incircle

− 計算欄（memo）−

Ⅲ の問題はこれで終わりです。Ⅲ の解答欄 **S** 〜 **Z** はマークしないでください。

1辺の長さが6の正三角形 ABC がある。辺 AB 上に AD ＝ 3 となるように点 D をとり，辺 AC 上に AE ＝ 4 となるように点 E をとる。また，BE と CD の交点を F とし，直線 AF と BC の交点を G とする。A から辺 BC に垂線 AH を下ろす。AH と CD の交点を I とするとき，三角形 IFH の面積を求めよ。

(1)　BG ＝ $\boxed{\text{A}}$ であるから，

$$AG = \boxed{\text{B}}\sqrt{\boxed{\text{C}}}$$

　である。

　さらに，$\dfrac{\text{GF}}{\text{FA}} = \dfrac{\boxed{\text{D}}}{\boxed{\text{E}}}$ であるから，

$$GF = \dfrac{\sqrt{\boxed{\text{F}}}}{\boxed{\text{G}}}$$

　である。

(2)　AH ＝ $\boxed{\text{H}}\sqrt{\boxed{\text{I}}}$ であるから，

$$IH = \sqrt{\boxed{\text{J}}}$$

　である。

(3)　したがって，

$$\Delta\,\text{IFH} = \dfrac{\boxed{\text{K}}}{\boxed{\text{L}}} \cdot \Delta\text{FAH} = \dfrac{\boxed{\text{K}}}{\boxed{\text{L}}} \cdot \dfrac{\boxed{\text{M}}}{\boxed{\text{N}}} \cdot \Delta\text{AHG} = \dfrac{\boxed{\text{O}}\sqrt{\boxed{\text{P}}}}{\boxed{\text{Q}}}$$

　である。

注) 垔線 : Perpendicular

－ 計算欄（memo）－

Ⅳ の問題はこれで終わりです。Ⅳ の解答欄 **R** ～ **Z** はマークしないでください。

コース１の問題はこれですべて終わりです。解答用紙の **V** はマークしないでください。

解答用紙の解答コース欄に「コース１」が正しくマークしてあるか，

もう一度確かめてください。

この問題冊子を持ち帰ることはできません。

数学　MATHEMATICS

日本留学試験模擬試験
EJU Simulation Test for International Students

数学　解答用紙　MATHEMATICS ANSWER SHEET

受験番号
Examinee Registration Number

名前
Name

◀ あなたの受験票と同じかどうか確かめてください。　Check that these are the same as your Examination Voucher. ◀

この解答用紙に解答するコースを、1つ○で囲み、その下
のマーク欄をマークしてください。
Circle the name of the course you are taking
and fill in the oval under it.

解答コース Course

コース1 Course 1	コース2 Course 2
◯	◯

I

解答欄 Answer

解答番号	-	0	1	2	3	4	5	6	7	8	9
A	⊖	⓪	①	②	③	④	⑤	⑥	⑦	⑧	⑨
B	⊖	⓪	①	②	③	④	⑤	⑥	⑦	⑧	⑨
C	⊖	⓪	①	②	③	④	⑤	⑥	⑦	⑧	⑨
D	⊖	⓪	①	②	③	④	⑤	⑥	⑦	⑧	⑨
E	⊖	⓪	①	②	③	④	⑤	⑥	⑦	⑧	⑨
F	⊖	⓪	①	②	③	④	⑤	⑥	⑦	⑧	⑨
G	⊖	⓪	①	②	③	④	⑤	⑥	⑦	⑧	⑨
H	⊖	⓪	①	②	③	④	⑤	⑥	⑦	⑧	⑨
I	⊖	⓪	①	②	③	④	⑤	⑥	⑦	⑧	⑨
J	⊖	⓪	①	②	③	④	⑤	⑥	⑦	⑧	⑨
K	⊖	⓪	①	②	③	④	⑤	⑥	⑦	⑧	⑨
L	⊖	⓪	①	②	③	④	⑤	⑥	⑦	⑧	⑨
M	⊖	⓪	①	②	③	④	⑤	⑥	⑦	⑧	⑨
N	⊖	⓪	①	②	③	④	⑤	⑥	⑦	⑧	⑨
O	⊖	⓪	①	②	③	④	⑤	⑥	⑦	⑧	⑨
P	⊖	⓪	①	②	③	④	⑤	⑥	⑦	⑧	⑨
Q	⊖	⓪	①	②	③	④	⑤	⑥	⑦	⑧	⑨
R	⊖	⓪	①	②	③	④	⑤	⑥	⑦	⑧	⑨
S	⊖	⓪	①	②	③	④	⑤	⑥	⑦	⑧	⑨
T	⊖	⓪	①	②	③	④	⑤	⑥	⑦	⑧	⑨
U	⊖	⓪	①	②	③	④	⑤	⑥	⑦	⑧	⑨
V	⊖	⓪	①	②	③	④	⑤	⑥	⑦	⑧	⑨
W	⊖	⓪	①	②	③	④	⑤	⑥	⑦	⑧	⑨
X	⊖	⓪	①	②	③	④	⑤	⑥	⑦	⑧	⑨
Y	⊖	⓪	①	②	③	④	⑤	⑥	⑦	⑧	⑨
Z	⊖	⓪	①	②	③	④	⑤	⑥	⑦	⑧	⑨

II

解答欄 Answer

解答番号	-	0	1	2	3	4	5	6	7	8	9
A	⊖	⓪	①	②	③	④	⑤	⑥	⑦	⑧	⑨
B	⊖	⓪	①	②	③	④	⑤	⑥	⑦	⑧	⑨
C	⊖	⓪	①	②	③	④	⑤	⑥	⑦	⑧	⑨
D	⊖	⓪	①	②	③	④	⑤	⑥	⑦	⑧	⑨
E	⊖	⓪	①	②	③	④	⑤	⑥	⑦	⑧	⑨
F	⊖	⓪	①	②	③	④	⑤	⑥	⑦	⑧	⑨
G	⊖	⓪	①	②	③	④	⑤	⑥	⑦	⑧	⑨
H	⊖	⓪	①	②	③	④	⑤	⑥	⑦	⑧	⑨
I	⊖	⓪	①	②	③	④	⑤	⑥	⑦	⑧	⑨
J	⊖	⓪	①	②	③	④	⑤	⑥	⑦	⑧	⑨
K	⊖	⓪	①	②	③	④	⑤	⑥	⑦	⑧	⑨
L	⊖	⓪	①	②	③	④	⑤	⑥	⑦	⑧	⑨
M	⊖	⓪	①	②	③	④	⑤	⑥	⑦	⑧	⑨
N	⊖	⓪	①	②	③	④	⑤	⑥	⑦	⑧	⑨
O	⊖	⓪	①	②	③	④	⑤	⑥	⑦	⑧	⑨
P	⊖	⓪	①	②	③	④	⑤	⑥	⑦	⑧	⑨
Q	⊖	⓪	①	②	③	④	⑤	⑥	⑦	⑧	⑨
R	⊖	⓪	①	②	③	④	⑤	⑥	⑦	⑧	⑨
S	⊖	⓪	①	②	③	④	⑤	⑥	⑦	⑧	⑨
T	⊖	⓪	①	②	③	④	⑤	⑥	⑦	⑧	⑨
U	⊖	⓪	①	②	③	④	⑤	⑥	⑦	⑧	⑨
V	⊖	⓪	①	②	③	④	⑤	⑥	⑦	⑧	⑨
W	⊖	⓪	①	②	③	④	⑤	⑥	⑦	⑧	⑨
X	⊖	⓪	①	②	③	④	⑤	⑥	⑦	⑧	⑨
Y	⊖	⓪	①	②	③	④	⑤	⑥	⑦	⑧	⑨
Z	⊖	⓪	①	②	③	④	⑤	⑥	⑦	⑧	⑨

［悪い例 Incorrect Example］

解答コース Course
コース1 Course 1	コース2 Course 2
◯	◯

解答コース Course
コース1 Course 1	コース2 Course 2
●	●

解答コース Course
コース1 Course 1	コース2 Course 2
	●

注意事項　Note

1. 必ず鉛筆（HB）で記入してください。
2. この解答用紙を汚したり折ったりしてはいけません。
3. マークは下のよい例のように、○わく内を完全にぬり
　つぶしてください。

Marking Examples.

よい例 Correct	悪い例 Incorrect
●	⊗ ◐ ◯

4. 訂正する場合はプラスチック消しゴムで完全に消し、
　消しくずを残してはいけません。
5. 解答番号はAからZまでありますが、問題のあるところま
　で答えて、あとはマークしないでください。
6. 所定の欄以外には何も書いてはいけません。
7. III、IV、Vの解答欄は裏面にあります。
8. この解答用紙はすべて機械で処理しますので、以上の
　1から7までが守られていないと採点されません。

— 151 —

日本留学試験模擬試験
EJU Simulation Test for International Students
数学　解答用紙　MATHEMATICS ANSWER SHEET

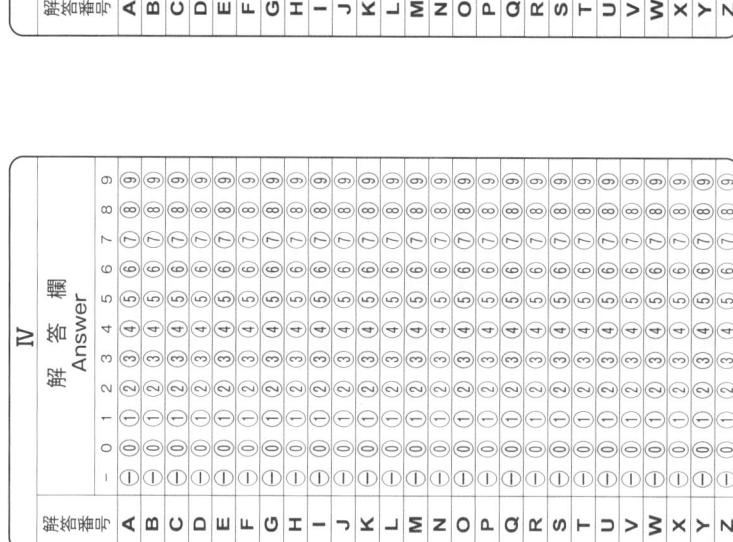

The Correct Answer

正解表

第1回

問 Q.		問題番号 row	正解 A.
Ⅰ	問1	ABC	131
		D	0
		EFG	131
		HIJ	−13
	問2	KLM	540
		NOP	240
		QR	17
		STU	521
		VWXY	1121
Ⅱ	問1	A	2
		B	6
		C	8
		DE	14
		FGH	102
	問2	I	2
		JK	−3
		L	0
		M	5
		NO	−2
		P	3
		Q	3
		RST	263
		U	1
		V	2
		WX	22

問 Q.	問題番号 row	正解 A.
Ⅲ	A	4
	BC	15
	DE	13
	FGHI	3224
	JKLM	1111
Ⅳ	A	2
	B	6
	C	3
	DE	12
	FG	32
	HI	32
	JK	12
	LM	83

第2回

問 Q.		問題番号 row	正解 A.
I	問1	AB	63
		CD	−6
		EFGH	3636
		IJK	144
	問2	LM	12
		NO	14
		PQ	14
		RS	38
		TU	38
		VW	38
II	問1	ABCDEF	212231
		GH	12
		IJ	31
		KLM	111
		NOP	132
	問2	Q	3
		R	2
		STUV	−132
		W	7
		X	3

問 Q.	問題番号 row	正解 A.
III	AB	19
	C	3
	D	1
	EF	39
	GH	31
	I	5
IV	AB	35
	C	3
	DEF	255
	G	5
	HI	25
	J	5
	KL	52
	M	5
	NO	54

第3回

問 Q.		問題番号 row	正解 A.
Ⅰ	問1	AB	23
		CD	−1
		E	3
		FG	−1
	問2	HI	12
		J	4
		KL	12
		MNOP	1691
		QRS	325
Ⅱ	問1	AB	23
		C	2
		D	2
		E	4
	問2	FG	−1
		H	0
		IJK	−22
		L	1
		M	3
		N	3
		O	2
		P	3
		Q	2
		R	6
		S	1
		T	2

問 Q.	問題番号 row	正解 A.
Ⅲ	ABCD	2321
	E	6
	F	3
	G	3
	H	2
Ⅳ	AB	16
	CDE	336
	F	2
	G	7
	HIJK	5510

第 4 回

問 Q.		問題番号 row	正解 A.
Ⅰ	問1	AB	22
		C	9
		D	1
		EF	34
		G	6
		HI	11
		JK	33
		L	1
	問2	M	4
		NO	32
		PQ	44
		R	2
		ST	23
		UVW	112
Ⅱ	問1	ABC	323
		D	2
		EF	−4
		G	1
		HIJ	−23
		KLM	230
	問2	N	4
		O	3
		P	3
		Q	0
		R	3
		S	2
		TUVW	−282
		X	2

問 Q.		問題番号 row	正解 A.
Ⅲ		A	9
		BC	49
		D	9
		E	4
		F	0
Ⅳ		A	5
		B	5
		CD	45
		EF	90
		GH	26
		IJ	52
		KLM	465

第 5 回

問 Q.		問題番号 row	正解 A.
I	問1	ABCDE	21441
		FG	01
		H	9
		I	3
		J	2
		KL	21
		MN	42
	問2	OP	15
		QRS	815
		TU	56
II	問1	A	1
		BC	10
		DE	98
		FG	18
		HIJKL	81881
	問2	M	1
		NOP	716
		Q	3
		R	0
		STU	−14
		VW	14
		X	2
III		AB	82
		CDE	128
		FG	12
		HIJ	112
		KLM	959
		NOPQR	70901
IV		ABC	120
		DEFG	2213
		HI	23

第6回

問 Q.		問題番号 row	正解 A.
I	問1	ABCD	6364
		E	4
		F	5
		G	3
		H	8
		I	6
		J	1
		KLMNO	31321
	問2	PQRS	1260
		TUV	360
		WXY	210
II	問1	AB	14
		C	6
		DE	26
		FGHI	2719
		JKL	726
	問2	MNOPQ	−1222
		R	2
		STU	322
III		A	6
		BC	47
		DE	42
		F	1
		G	4
IV		AB	13
		CD	26
		EF	42
		GH	60
		IJKL	2433

第 7 回

問 Q.		問題番号 row	正解 A.
I	問1	A	6
		B	9
		C	3
		D	3
		E	9
		F	9
		G	0
		HI	03
		JKL	323
	問2	MNOP	5126
		QRST	2563
		UVW	750
II	問1	ABCDEF	391598
		GH	21
		IJ	52
		KLM	322
		NO	−6
		P	6
		Q	2
	問2	RS	74
		TUV	470
		WX	12
		YZ	72

問 Q.	問題番号 row	正解 A.
III	ABCDE	13113
	FGH	262
	IJKL	1414
	MNOPQ	12 −12
	RS	16
	TUVWX	122 −1
IV	AB	32
	CDE	153
	F	3
	G	5
	H	7
	IJK	733
	LM	35

第8回

問 Q.		問題番号 row	正解 A.
I	問1	AB	18
		CDEFGHI	2142415
		JK	22
		LMN	422
	問2	OP	25
		QRST	1126
		U	9
		VW	25
		XY	18
II	問1	AB	32
		CD	46
		EF	40
		G	0
		HIJK	−928
	問2	L	2
		M	2
		NO	27
		P	3
		Q	3
		RSTU	1212
		VWX	−24
		YZ	11

問 Q.		問題番号 row	正解 A.
III		A	2
		B	4
		CD	15
		EF	19
		GH	20
		IJ	24
IV		A	3
		BC	33
		DE	90
		FG	32
		HIJ	120
		KLMN	3622
		OP	92

正解表

第9回

問 Q.		問題番号 row	正解 A.
I	問1	AB	21
		CD	26
		EFGHI	52436
		J	8
		KL	−2
		M	2
	問2	NOP	240
		QRS	225
		TUV	100
		WXY	410
II	問1	AB	25
		CDEF	1130
		GH	56
		IJ	65
	問2	KL	22
		M	2
		N	6
		O	3
		P	4
		Q	8
		RST	−97
		UVW	327
III		ABC	504
		DEFGH	21168
		IJ	42
		KLM	168
IV		ABC	332
		D	3
		EF	75
		GHIJ	3622
		K	3
		LM	33
		N	6

第10回

問 Q.		問題番号 row	正解 A.
I	問1	ABCD	4134
		EF	01
		GHI	−10
		JKLM	−2 −1
	問2	NO	35
		PQ	18
		RS	38
		TU	12
		VWXY	1116
II	問1	ABCD	2422
		EFGH	1222
		I	5
		JKLM	1116
	問2	NOP	−14
		QR	−3
		STU	322
		VW	32
		XY	32
III		A	2
		BCD	247
		EFG	158
		HIJ	129
		KL	21
		MNOP	2201
		QR	10
IV		A	4
		BC	27
		DE	13
		FG	72
		HI	33
		J	3
		KL	13
		MN	34
		OPQ	338

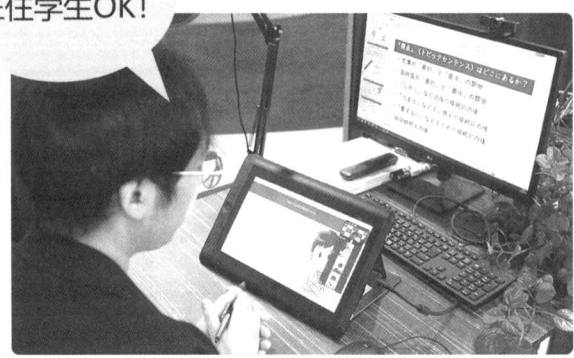  

㈜해외교육사업단 발행 도서

대형 서점 일본유학시험(EJU) 부문 연간 베스트셀러 다수!

일본유학시험(EJU)
2023년 1회 기출문제

일본유학시험(EJU)
대비 개념서 하이레벨
종합과목 개정 제2판

일본유학시험(EJU)
대비 개념서 하이레벨
이과 물리·화학·생물 개정판

일본유학시험(EJU)
대비 개념서 하이레벨
수학 코스1

일본유학시험(EJU)
실전문제집
일본어 기술·독해 vol.1

일본유학시험(EJU)
실전문제집
일본어 청독해·청해 vol.1

일본유학시험(EJU)
실전문제집
종합과목 vol.1

일본유학시험(EJU)
실전문제집
수학 코스1 vol.1

일본유학시험(EJU)
실전문제집
일본어 기술·독해 vol.2

일본유학시험(EJU)
실전문제집
일본어 청독해·청해 vol.2

일본유학시험(EJU)
실전문제집
종합과목 vol.2

일본유학시험(EJU)
일본어 단어·어휘
10000어

▶ 판매처 : 교보문고, 영풍문고, 예스24, 알라딘, 인터파크 (각 서점 및 사이트에서 구입 가능)

▶ 해외교육사업단 : 전화 02-552-1010/ 팩스 02-552-1062/ 이메일 hedc@hed.co.kr

▶ 도서 발행 정보 : www.hedgroup.co.kr

名校志向塾
MEKO EDUCATION GROUP

일본유학시험(EJU) 실전문제집
수학 코스1   Vol. 2

초판발행일 : **2024년 2월 26일(1쇄)**

저   자 : 메코시코주쿠 （名校志向塾）

발 행 인 : 송 부 영

발 행 처 : (주)해외교육사업단

출 판 등 록 : 제16-1456호

주   소 : 서울시 서초구 강남대로 381

전   화 : 02-736-1010

이 메 일 : song@hed.co.kr

홈 페 이 지 : www.hedgroup.co.kr